1 アルファベット(1)

完成 🕐
目標時間
20分

●復習の めやす
前学年までの内容をしっかり復習しよう！

合格

0点 ――――――――――― 80点 ―― 10(

JN050202

ん出版

🔊 01

〈アルファベットの大文字を聞いて書くことができる〉

🔊 **1** 音声を聞いて，聞こえたアルファベットの大文字を ⬚ から選んで書きましょう。

〔1問 4点〕 /24点

(1) _____

(2) _____

(3) _____

(4) _____

(5) _____

(6) _____

E　F　G　H　Q　R

〈アルファベットの小文字を聞いて書くことができる〉

🔊 **2** 音声を聞いて，聞こえたアルファベットの小文字を ⬚ から選んで書きましょう。

〔1問 4点〕 /24点

(1) _____

(2) _____

(3) _____

(4) _____

(5) _____

(6) _____

b　d　i　j　m　y

3 大文字26文字を，アルファベット順に書きましょう。

〔全部書いて 26点〕

26点

4 小文字26文字を，アルファベット順に書きましょう。

〔全部書いて 26点〕

26点

完成目標時間 **20分**

◉復習の めやす
前学年までの内容をしっかり復習しよう！ **合格**

0点　　　　　　　　　　80点　100点

合計得点　／100点

©くもん出版

🔊 03

〈アルファベットの大文字が聞いてわかる〉 🔊

🔊 **1** 音声を聞いて，聞こえた順にアルファベットの大文字を線で結びましょう。

〔1問 完答25点〕　／25点

〈アルファベットの小文字が聞いてわかる〉 🔊

🔊 **2** 音声を聞いて，聞こえた順にアルファベットの小文字を線で結びましょう。

〔1問 完答25点〕　／25点

3 〈アルファベットの順番がわかり，書くことができる〉

アルファベットを順番に並べかえて書きましょう。

〔1問 完答5点〕 /20点

(1) L J M K ⇨ _____

(2) Y X W Z ⇨ _____

(3) c d b a ⇨ _____

(4) n o q p ⇨ _____

4 〈アルファベットの大文字と小文字の組み合わせがわかり，書くことができる〉

大文字は小文字で，小文字は大文字で書きましょう。

〔1問 5点〕 /30点

(1) B _____

(2) t _____

(3) y _____

(4) G _____

(5) q _____

(6) R _____

完成 ⏰
目標時間
20分

●復習の めやす
前学年までの内容をしっかり復習しよう！ **合格**

0点 ――――― 80点 ―― 100点

合計
得点 ／100点

©くもん出版

◀) 05

〈自己紹介で使う語句が聞いてわかる〉

◀) **1** 音声を聞いて，その内容に合う絵の記号を〇でかこみましょう。

〔1問 7点〕 ／28点

(1) a   b

(2) a   b

(3) a   b

(4) a   b

 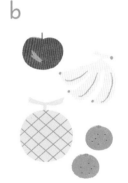

〈自己紹介で使う文が聞いてわかる〉

◀) **2** 音声を聞いて，絵の内容と合っていれば〇，合わなければ×を書きましょう。

〔1問 8点〕 ／24点

(1)

> ユキです。

(   )

(2)

(   )

(3)

(   )

3 英文が表す絵を選んて正しく線て結びましょう。

〔1問 8点〕

(1) My name is Tanaka Aya. ●　　　　　●

(2) I don't like dogs. ●　　　　　●

(3) My birthday is January 9th. ●　　　　　●

(4) I like ice cream. ●　　　　　●

 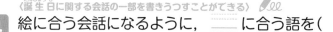

4 絵に合う会話になるように，——に合う語を（　）の中から選んて書きましょう。

〔1問 8点〕

(1)

When is your birthday?

— My birthday is _____ 2nd.

(April / August)

(2)

What do you want for your birthday?

— I want a new _____ .

(cap / bag)

完成 ◕ 目標時間
20分

● 復習の めやす
前学年までの内容をしっかり復習しよう！ **合格**

0点 ——————————— 80点 — 100点

合計
得点 ／100点

©くもん出版

◀)) 07

〈教科や職業を表す語句が聞いてわかる〉

◀)) **1** 音声を聞いて，その内容に合う絵を１つずつ ┈ から選んで記号を書きましょう。 〔1問 7点〕

／28点

(1) (　　　) (2) (　　　) (3) (　　　) (4) (　　　)

ア　　　　　　　　　　イ　　　　　　　　　　ウ

算数

社会

エ　　　　　　　　　　オ　　　　　　　　　　カ

ENGLISH

〈一日の生活を表す語句が聞いてわかる〉

◀)) **2** 音声を聞いて，絵の内容に合う英語の記号を〇でかこみましょう。 〔1問 8点〕

／24点

(1)　　　　　　　　　　(2)　　　　　　　　　　(3)

a　　b　　　　　　a　　b　　　　　　a　　b

3 右の絵はある小学生のある1日を表しています。英文を読んで，絵の内容と合っていれば○，合わなければ×を書きましょう。

〔1問 8点〕 / 32点

(1) I get up at 8:00.　　（　　　）

(2) I have arts and crafts.（　　　）

(3) I don't have Japanese.（　　　）

(4) I go home at 3:00.　（　　　）

4 絵に合う会話になるように，＿＿ に合う語を（　）の中から選んで書きましょう。

〔1問 8点〕 / 16点

(1)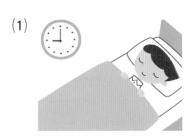

＿＿＿＿＿＿＿＿ time do you go to bed?

(How / What)

— I go to bed at 9:00.

(2) What do you have on Fridays?

— I have ＿＿＿＿＿＿ on Fridays.

(P.E. / music)

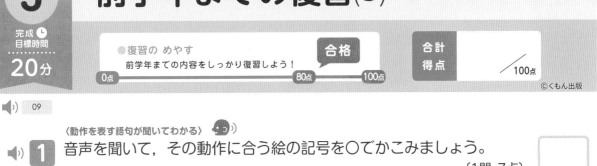

完成 目標時間
20分

● 復習の めやす
前学年までの内容をしっかり復習しよう！

合格

0点　　　80点　　100点

合計 得点 ／100点

©くもん出版

09

〈動作を表す語句が聞いてわかる〉

1 音声を聞いて，その動作に合う絵の記号を〇でかこみましょう。

〔1問 7点〕

／28点

(1) a　　b　　(2) a　　b

(3) a　　b　　(4) a　　b

〈国名を表す語句が聞いてわかる〉

2 音声を聞いて，絵の内容に関係のある国の記号を〇でかこみましょう。

〔1問 8点〕

／24点

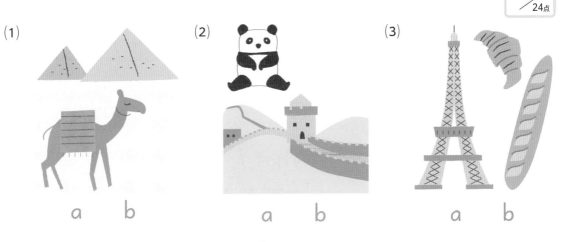

(1)　　　(2)　　　(3)

a　b　　　a　b　　　a　b

3 英文が表す絵を選んで正しく線で結びましょう。

〔1問 8点〕

32点

(1) I can speak Japanese. ●

(2) I want to go to Australia. ●

(3) I can't ride a unicycle. ●

(4) I want to eat pizza in Italy. ●

〈できること・したいことを表す会話の一部を書きうつすことができる〉

4 絵に合う会話になるように、____ に合う語を( )の中から選んで書きましょう。

〔1問 8点〕

16点

(1)

Can you skate well?

— No, I _____ .

(can / can't)

(2)

_____ do you want to do in America?

(What / Where)

— I want to watch baseball.

6 前学年までの復習(4)

完成 🕐 目標時間
20分

● 復習の めやす
前学年までの内容をしっかり復習しよう！

合格

0点　　　　　　　80点　　100点

合計得点 ／100点

©くもん出版

 11

〈料理を表す語句が聞いてわかる〉

1 音声を聞いて，メニューに合うように料理の値段を表す絵を ┈┈ から選んで記号を書きましょう。

〔1問 8点〕 ／24点

(1) （　　　） (2) （　　　） (3) （　　　）

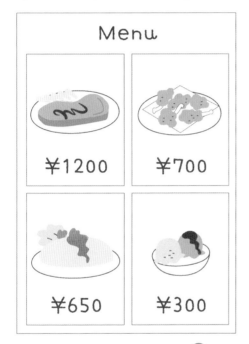

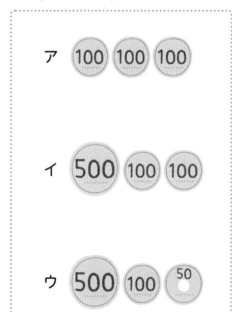

〈位置と場所を表す語句が聞いてわかる〉

2 音声を聞いて，絵の内容と合っていれば○，合わなければ×を書きましょう。(1)，(2)はボールの位置を表します。

〔1問 8点〕 ／24点

(1)　　　　　　　　(2)　　　　　　　　(3)

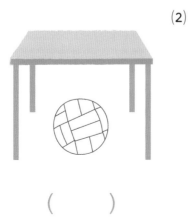

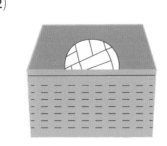

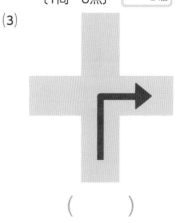

（　　　）　　　　（　　　）　　　　（　　　）

3 英文が表す絵を選んで正しく線で結びましょう。

〔1問 8点〕

/ 32点

(1) This is Kazuya. He is cool. ● ●

(2) This is Ms. Sato.
She is good at dancing. ● ●

(3) My hero is my brother, Koji.
He can speak English well. ● ●

(4) My hero is Akiko.
She can do *kendo*. She is brave. ● ●

〈料理を注文するときの会話の一部を書きうつすことができる〉

4 絵に合う会話になるように，──に合う語を（　　）の中から選んで書きましょう。

〔1問 10点〕

/ 20点

(1)

＿＿＿＿＿＿＿ would you like?

(What / How)

— I'd like spaghetti and salad.

(2)

＿＿＿＿＿＿＿ much is the parfait?

(How / What)

— It's 480 yen.

I'm from Italy.

基本の問題のチェックだよ。
てきなかった問題は,しっかり学習してから完成テストをやろう！

合計
得点　／100点

13

〈国名を表す語句が聞いてわかる〉

1 音声を聞いて，その内容に合う絵の記号を〇でかこみましょう。

〔1問 7点〕

／28点

(1) a　　b

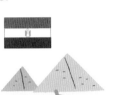

(2) a　　b

(3) a　　b

(4) a　　b

〈月，日を表す語句が聞いてわかる〉

2 音声を聞いて,絵の内容と合っていれば〇,合わなければ×を書きましょう。

〔1問 8点〕

／24点

(1) 2 February

	1	2	3	4	5
6	7	8	9	10	11	12
13	14	15	16	17	18	19
20	21	22	23	24	25	26
27	28					

(　　)

(2) 8 August

	1	2	3	4	5	6
7	8	9	10	11	12	13
14	15	16	17	18	19	20
21	22	23	24	25	26	27
28	29	30	31			

(　　)

(3) 12 December

			1	2	3
4	5	6	7	8	9	10
11	12	13	14	15	16	17
18	19	20	21	22	23	24
25	26	27	28	29	30	31

(　　)

3 絵に合う語句を選んで正しく線で結びましょう。

〔1問 8点〕

(1)

 ●

● foods

(2)

 ●

● animals

(3)

 ●

● subjects

(4)

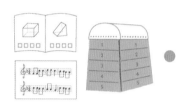 ●

● sports

4 絵が表す語句を下の　　から選んで書きましょう。

〔1問 8点〕

(1)

(2)

Brazil　　Russia　　Italy　　Egypt

I'm from Italy.

基本の問題のチェックだよ。
てきなかった問題は,しっかり学習してから完成テストをやろう！

合計 得点 ／100点

15

〈出身国についての文が聞いてわかる〉

1 音声を聞いて，その内容に合う絵の記号を〇でかこみましょう。

〔1問 7点〕 ／28点

(1) a   b

(2) a   b

(3) a   b

(4) a   b

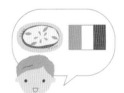 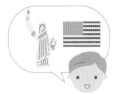

〈好きなことを話す会話が聞いてわかる〉

2 音声を聞いて，その内容に合うものを正しく線で結びましょう。

〔1問 8点〕 ／24点

(1)

    •   •   

(2)

    •   •   

(3)

    •   •

3 英文が表す絵を選んで正しく線で結びましょう。

〔1問 8点〕

(1) Hello. I'm Mark.
　　I'm from Singapore.

●　　　●

(2) Hello. I'm Sophia Silva.
　　My nickname is Sophie.

●　　　●

(3) Hi, I'm Kazuo. My nickname is Kazu.
　　I'm from Nagoya.

●　　　●

(4) Hi, I'm Aya. I like dancing.
　　My birthday is March 18th.

●　　　●

4 英文の ―― に入る正しい語句を（　　）の中から選んで書きましょう。

〔1問 8点〕

(1)

Hi, my name is John.

＿＿＿＿＿＿＿＿ from Australia.

（ I'm / It's ）

(2)

What is your favorite ＿＿＿＿＿ ?

— Math.　　（ subject / sport ）

I'm from Italy.

◉復習の めやす
基本テスト・関連ドリルなどでしっかり復習しよう！ 　合格

0点 ─────── 80点 ── 100点

合計 得点 ／100点

©くもん出版

🔊 17

🔊 **1** 音声を聞いて，絵の内容に合う英語の記号を〇でかこみましょう。🔊
〔1問 8点〕 ／24点

(1) 　　a 　b
(2) 　　a 　b
(3) 　　a 　b

🔊 **2** 3人の自己紹介を聞いて，正しく線で結びましょう。🔊 〔1問 8点〕 ／24点

(1) Shota

(2) Aya

(3) Masato

3 絵に合う文になるように，□の中の語句を正しく並べかえて，あがい を□に書きましょう。 📖b

〔1問 10点〕 /20点

(1)
Hi, my name is Sophia.
(①) (②) Brazil.

あ from　　い I'm

① □　② □

(2)
(①) is your (②)?
— Soccer.

あ favorite sport　　い What

① □　② □

4 絵に合うように，□から語句を選んで自己紹介の会話を完成させ ましょう。 ✏

〔1問 8点〕 /16点

(1)
_____ is your favorite animal?

— I like cats.

(2)
What is your favorite _____?

— Badminton.

When　What　sport　animal

let's challenge!

5 例にならって，自分の出身地を___に書きましょう。 ✏

〔16点〕 /16点

例 I'm from Hokkaido _____ .

I'm from _____ .

基本の問題のチェックだよ。
てきなかった問題は,しっかり学習してから完成テストをやろう！

合計
得点 ／100点

©くもん出版

〈季節を表す語句が聞いてわかる〉

1 音声を聞いて，その内容に合う絵の記号を〇でかこみましょう。

〔1問 7点〕

／28点

(1) a　　　　b

(2) a　　　　b

(3) a　　　　b

(4) a　　　　b

〈月を表す語句が聞いてわかる〉

2 音声を聞いて，その内容に合う絵の記号を書きましょう。

〔1問 8点〕

／24点

(1) (　　　　)　　(2) (　　　　)　　(3) (　　　　)

a 10 October

				1	2	3
4	5	6	7	8	9	10
11	12	13	14	15	16	17
18	19	20	21	22	23	24
25	26	27	28	29	30	31

b 12 December

		1	2	3	4	5
6	7	8	9	10	11	12
13	14	15	16	17	18	19
20	21	22	23	24	25	26
27	28	29	30	31		

c 5 May

					1	2
3	4	5	6	7	8	9
10	11	12	13	14	15	16
17	18	19	20	21	22	23
24/31	25	26	27	28	29	30

3 絵に合う語句を選んで正しく線で結びましょう。

〔1問 8点〕

/32点

(1)

● ● exciting

(2)

● ● fun

(3)

● ● beautiful

(4)

● ● delicious

4 絵が表す語句を下の　　から選んで書きましょう。

〔1問 8点〕

/16点

(1)

(2)

spring　　summer　　autumn　　winter

Welcome to Japan.

基本の問題のチェックだよ。
できなかった問題は,しっかり学習してから完成テストをやろう！

合計 得点 ／100点

◀)) 21

〈行事についての文が聞いてわかる〉

◀)) **1** 音声を聞いて，その内容に合う絵の記号を〇でかこみましょう。

〔1問 7点〕

／28点

(1) a　　　　b

(2) a　　　　b

(3) a　　　　b

(4) a　　　　b

〈日本の文化を 紹 介する文が聞いてわかる〉

◀)) **2** 音声を聞いて，その内容に合うものを正しく線で結びましょう。

〔1問 8点〕

／24点

(1)

 ●　　　　●

(2)

 ●　　　　●

(3)

 ●　　　　●

3 英文が表す絵を選んで正しく線で結びましょう。

〔1問 8点〕

(1) Welcome to Japan.
You can enjoy *hanami* in spring.

(2) Welcome to Japan. We have *sumo*.
It's exciting.

(3) Welcome to Japan.
You can enjoy *takoage* and
komamawashi on New Year's Day.

(4) Welcome to Japan. We have *matcha*.
It's tea. It's bitter.

4 英文の ―― に入る正しい語句を（　）の中から選んで書きましょう。

〔1問 8点〕

(1) _____ to Japan.

(Welcome / Nice)

In spring, we have *hanami*.

(2) Welcome to Japan.

In _____, we have *tanabata*.

(summer / winter)

©くもん出版

22

◉復習の めやす
基本テスト・関連ドリルなどてしっかり復習しよう！ 合格

0点 ────────── 80点 ── 100点

合計 得点 ╱ 100点

©くもん出版

🔊 23

🔊 **1** 音声を聞いて，絵の内容に合う英語の記号を〇でかこみましょう。🔊 〔1問 8点〕 ╱ 24点

(1)　　　　　　　　　　　(2)　　　　　　　　　　　(3)

a　b　　　　　　　a　b　　　　　　　a　b

🔊 **2** 3人が日本の文化を 紹 介しています。音声を聞いて，それぞれが紹介 しているものを選んで記号を書きましょう。🔊 〔1問 8点〕 ╱ 24点

(1)　Shota (　　　　　)　　ア　　　イ

(2)　Aya (　　　　　)　　ウ　　　エ

(3)　Masato (　　　　　)　　オ　　　カ

3 日本を紹介する日記を読んで，その内容に合う絵を2つ選んで記号を〇でかこみましょう。

〔1問 10点〕 20点

> In summer, we have the summer festival.
> You can enjoy fireworks.
> You can wear a *yukata*.
> You can eat *takoyaki*.

a

b

c

d

e

f

4 絵に合うように，[ ]から語句を選んで日本の文化を紹介する文を完成させましょう。

〔1問 完答10点〕 20点

(1)
In ＿＿＿＿＿, we ＿＿＿＿＿
the snow festival.

(2)
In ＿＿＿＿＿, we ＿＿＿＿＿
enjoy *hanami*.

can   have   spring   winter

5 自分が紹介したい日本の文化を[ ]から選んで，＿＿に書きましょう。

〔12点〕 12点

Welcome to Japan.

You can enjoy ＿＿＿＿＿＿＿.

takoage   shogi   rakugo   origami   ikebana

基本の問題のチェックだよ。
てきなかった問題は,しっかり学習してから完成テストをやろう！

合計
得点 ／100点

🔊 25

〈人の様子を表す語句が聞いてわかる〉

🔊 **1** 音声を聞いて，その内容に合う絵の記号を〇でかこみましょう。

〔1問 7点〕

／28点

(1) a   b

(2) a   b

(3) a   b

(4) a   b

〈人の様子を表す語句が聞いてわかる〉

🔊 **2** 音声を聞いて，その内容に合う絵の記号を書きましょう。

〔1問 8点〕

／24点

(1) (   )   (2) (   )   (3) (   )

a

b

c

3 絵に合う語句を選んで正しく線で結びましょう。

〔1問 8点〕

/32点

(1)

● ● kind

(2)

● ● friendly

(3)

● ● funny

(4)

● ● famous

〈人の様子を表す語句を書きうつすことができる〉

4 絵が表す語句を下の ⸛⸛⸛ から選んで書きましょう。

〔1問 8点〕

/16点

(1)

(2)

```
brave    popular
active   friendly
```

Who is this?

基本の問題のチェックだよ。
できなかった問題は，しっかり学習してから完成テストをやろう！

合計
得点 ／100点

27

〈まわりの人について 紹介する文が聞いてわかる〉

1 音声を聞いて，その内容に合う絵の記号を〇でかこみましょう。

〔1問 7点〕 ／28点

(1) a　　　b

(2) a　　　b

(3) a　　　b

(4) a　　　b

〈まわりの人について紹介する文が聞いてわかる〉

2 音声を聞いて，その内容に合う絵を正しく線で結びましょう。

〔1問 8点〕 ／24点

(1)

(2)

(3)

3 英文が表す絵を選んで正しく線で結びましょう。

〔1問 8点〕

/ 32点

(1) I like Yuzuru.
He is a figure skater.
He is very famous.

● ●

(2) This is my grandmother.
She is good at cooking.
She is always gentle.

● ●

(3) She is good at volleyball.
She can jump high. She is active.

● ●

(4) I like my father.
He can speak English very well.
He is great.

● ●

〈まわりの人について紹介する文の一部を書きうつすことができる〉

4 英文の ── に入る正しい語を（　）の中から選んで書きましょう。

〔1問 8点〕

/ 16点

(1)

This is my brother, Shota.

_____ is popular.

(She / He)

(2)

This is my sister, Aya.

_____ is nice to me.

(She / He)

● 復習の めやす
基本テスト・関連ドリルなどでしっかり復習しよう！

合格

0点 ——— 80点 —— 100点

合計 得点 ／100点

©くもん出版

1 音声を聞いて，絵の内容に合うものの記号を〇でかこみましょう。

〔1問 8点〕 ／24点

(1) a　b

(2) a　b

(3) a　b

2 アヤが３人の友達を紹介しています。音声を聞いて，その内容に合う絵を正しく線で結びましょう。線を２本結ぶものもあります。

〔1問 完答8点〕 ／24点

(1) Saki

(2) Shota

(3) Masato

$\frac{1}{4} \times \frac{1}{5} = \frac{1}{20}$

Nice to meet you!

3 絵に合う文になるように、 ......の中の語句を正しく並べかえて答え
を□に書きましょう。📖ｂ

〔1問 10点〕 20点

(1) This is my friend, Kenta.
He (①) very (②).

あ is　　い cool

① [ ]　② [ ]

(2) This is my friend, Haruka.
(①) is always (②) to me.

あ nice　　い She

① [ ]　② [ ]

4 絵に合うように、 ......から選んでまわりの人を紹介する文を完成さ
せましょう。✏

〔1問 8点〕 16点

(1) This is my grandmother.

_____ is gentle.

(2) This is my brother.

_____ is active.

He　　She

5 自分の友達について紹介する語句を ......から選んで、 ── に書きま
しょう。✏

〔16点〕 16点

This is my friend.

He / She is _____ .

kind　friendly　brave　famous　popular

基本の問題のチェックだよ。
てきなかった問題は,しっかり学習してから完成テストをやろう！

合計
得点　／100点

©くもん出版

〈町・地域の建物や施設を表す語句が聞いてわかる〉

1 音声を聞いて，その内容に合う絵の記号を〇でかこみましょう。

〔1問 7点〕　／28点

(1) a　　　b

(2) a　　　b

(3) a　　　b

(4) a　　　b

〈町・地域の建物や施設を表す語句が聞いてわかる〉

2 音声を聞いて,絵の内容と合っていれば〇,合わなければ×を書きましょう。

〔1問 8点〕　／24点

(1)

(　　　)

(2)

(　　　)

(3)

(　　　)

3 絵に合う語句を選んで正しく線で結びましょう。

〔1問 8点〕

32点

(1)

●   ● library

(2)

●   ● sea

(3)

●   ● mountains

(4)

●   ● zoo

〈町・地域の建物や施設を表す語句を書きうつすことができる〉

4 絵が表す語句を下の ⬚ から選んで書きましょう。

〔1問 8点〕

16点

(1)

(2)

amusement park   convenience store
swimming pool   department store

基本テスト ②

完成目標時間 25分

We have a nice park.

基本の問題のチェックだよ。
てきなかった問題は，しっかり学習してから完成テストをやろう！

合計
得点 / 100点

 33

〈町・地域のことを 紹介する文が聞いてわかる〉

1 音声を聞いて，その内容に合う絵の記号を○でかこみましょう。

〔1問 7点〕

/28点

(1) a　　b
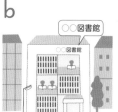

(2) a　　b

(3) a　　b

(4) a　　b

〈町・地域のことを紹介する文が聞いてわかる〉

2 音声を聞いて，その内容に合うものを正しく線で結びましょう。

〔1問 8点〕

/24点

(1)
 ●　　●

(2)
 ●　　●

(3)
 ●　　●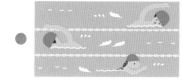

3 英文が表す絵を選んで正しく線で結びましょう。

〔1問 8点〕

/32点

(1) This is my town.
We have an amusement park. ●

(2) I like my town.
We have a department store,
a cafe and a restaurant. ●

(3) My town is beautiful.
We have a big park. We can see
trees and flowers. ●

(4) I live in a small town.
We have a supermarket and a bookstore. ●
I want a nice cafe.

〈自分たちの町・地域のことを紹介する文の一部を書きうつすことができる〉

4 英文の ___ に入る正しい語を（　　）の中から選んで書きましょう。

〔1問 8点〕

/16点

(1)

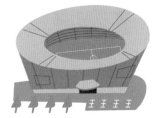

This is my town.

We _____ a soccer stadium.

(do / have)

(2)

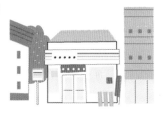

This is my town.

We have a _____ store.

(department / convenience)

●復習の めやす
基本テスト・関連ドリルなどてしっかり復習しよう！ **合格**

0点 ──────── 80点 ── 100点

合計得点 /100点

©くもん出版

 35

🔊 **1** 音声を聞いて，絵の内容に合う英語の記号を〇でかこみましょう。 🔊

〔1問 8点〕 /24点

(1)

a　　b

(2)
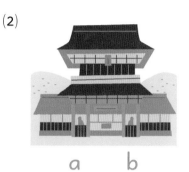
a　　b

(3)

a　　b

🔊 **2** 3人が自分の町を紹介しています。音声を聞いて，それぞれの町にあるものを選んで記号を書きましょう。 🔊

〔1問 8点〕 /24点

(1)

Aya（　　　　）

ア
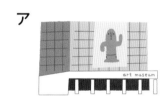

イ

(2)

Shota（　　　　）

ウ
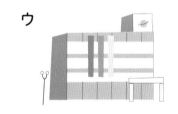

エ
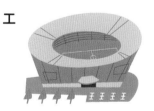

(3)

Masato（　　　　）

オ

カ

35

3 絵に合う文になるように，の中の語句を正しく並べかえてあかい
を□に書きましょう。

〔1問 10点〕 20点

(1) We (①) a (②).

あ swimming pool　　い have

①□　②□

(2) We have (①) (②).

あ an aquarium　　い in our town

①□　②□

4 絵に合うように，に入る正しい語句を（　）の中から選んで書き
ましょう。

〔1問 8点〕 16点

(1) This is my town.

We _____ a hospital.

(have / can)

(2) This is my town.

We have a _____ store.

(department / convenience)

5 自分の町にあるものをから選んで，に書きましょう。

〔16点〕 16点

This is my town.

We have a _____ .

park　library　hospital
bookstore　convenience store

完成 🕐 目標時間 25分

I went to the sea.

基本の問題のチェックだよ。
できなかった問題は,しっかり学習してから完成テストをやろう！

合計
得点 　　　／100点

©くもん出版

 37

〈夏休みに関する語句が聞いてわかる〉

1 音声を聞いて，その内容に合う絵の記号を〇でかこみましょう。

〔1問 7点〕

／28点

(1) a　　　　b

(2) a　　　　b

(3) a　　　　b

(4) a　　　　b

〈感想を表す語句が聞いてわかる〉

2 音声を聞いて，その内容に合う絵の記号を書きましょう。

〔1問 8点〕

／24点

(1) (　　　　)　　　(2) (　　　　)　　　(3) (　　　　)

a 　　b 　　c

3 絵に合う語句を選んて正しく線で結びましょう。

〔1問 8点〕

/32点

(1) • • zoo

(2) • • grandmother's house

(3) • • river

(4) • • fireworks festival

〈過去にしたことを表す語句を書きうつすことがてきる〉

4 絵が表す語句を下の ⬚ から選んで書きましょう。

〔1問 8点〕

/16点

(1) I ＿＿＿＿＿＿＿＿＿＿ the zoo.

(2) I ＿＿＿＿＿＿＿＿＿＿ many temples.

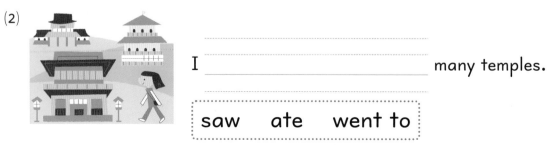

    saw   ate   went to

I went to the sea.

基本の問題のチェックだよ。
てきなかった問題は,しっかり学習してから完成テストをやろう！

合計
得点 ／100点

©くもん出版

◀) 39

〈過去にしたことについての文が聞いてわかる〉

◀) **1** 音声を聞いて，その内容に合う絵の記号を○でかこみましょう。

〔1問 7点〕

／28点

(1) a   b   (2) a   b

(3) a   b   (4) a   b

〈過去にしたことについての文が聞いてわかる〉

◀) **2** 音声を聞いて，その内容に合う絵を正しく線で結びましょう。

〔1問 8点〕

／24点

(1)

(2)

(3)

3 英文が表す絵を選んで正しく線で結びましょう。

〔1問 8点〕

(1) I went to the zoo. I saw a panda. ●

(2) I went to the department store.
    I ate ice cream. ●

(3) I went to the fireworks festival.
    It was wonderful. ●

(4) I went to the lake.
    I enjoyed fishing. ●

4 英文の —— に入る正しい語句を（　）の中から選んで書きましょう。

〔1問 8点〕

(1)

I went to the ＿＿＿＿＿＿＿＿ .

(mountains / sea)

I enjoyed camping.

(2)

I ＿＿＿＿＿＿＿ the amusement park.

(am from / went to)

I enjoyed a roller coaster.

● 復習の めやす
基本テスト・関連ドリルなどてしっかり復習しよう！　　合格

合計
得点　　／100点

0点　　　　　　　　　　　80点　　100点

©くもん出版

1 音声を聞いて，絵の内容に合う英語の記号を〇でかこみましょう。
〔1問 8点〕
／24点

(1)　
a　b

(2)
a　b

(3)　
a　b

2 3人が夏休みの思い出について話しています。音声を聞いて，それぞ
れの人が夏休みにしたことを2つ選んで記号を書きましょう。
〔1問 完答8点〕
／24点

(1)
Aya（　　，　　）

ア　

イ　

(2)
Shota（　　，　　）

ウ　

エ　

(3)
Masato
（　　，　　）

オ　

カ　

41

3 絵に合う英文になるように、 ┈┈┈ の中の語句を正しく並べかえて⑤か
⑥を □ に書きましょう。 📖

〔1問 10点〕 /20点

(1)

(①) (②) to a park.

┄┄┄┄┄┄┄┄┄┄┄┄┄┄┄┄┄
⑤ I   ⑥ went
┄┄┄┄┄┄┄┄┄┄┄┄┄┄┄┄┄

①〔　〕　②〔　〕

(2)

I (①) (②).

┄┄┄┄┄┄┄┄┄┄┄┄┄┄┄┄┄┄┄┄┄
⑤ the mountains   ⑥ went to
┄┄┄┄┄┄┄┄┄┄┄┄┄┄┄┄┄┄┄┄┄

①〔　〕　②〔　〕

4 絵に合うように、 ══ に入る正しい語句を（　）の中から選んで書き
ましょう。 ✐

〔1問 8点〕 /16点

(1)

What did you do?

— I _____ to an aquarium.

(ate / went)

(2)

What did you do?

— I went to the _____ .

(sea / river)

5 表の中の1人を選んで名前に○をつけ、その人になったつもりで、夏
休みに行ったところを □ から選んで、 ══ に書きましょう。 ✐

〔16点〕 /16点

Ken	Bob	Yuri
公園に行った	動物園に行った	遊園地に行った

I went to _____ .

┄┄┄┄┄┄┄┄┄┄┄┄┄┄┄┄┄┄┄┄┄┄┄┄┄┄┄┄┄
a zoo   an amusement park   a park
┄┄┄┄┄┄┄┄┄┄┄┄┄┄┄┄┄┄┄┄┄┄┄┄┄┄┄┄┄

Let's challenge!

I want to see the snow festival.

基本の問題のチェックだよ。
てきなかった問題は,しっかり学習してから完成テストをやろう！

合計
得点 ／100点

🔊 43

〈スポーツを表す語句が聞いてわかる〉

🔊 **1** 音声を聞いて，その内容に合う絵の記号を〇でかこみましょう。

〔1問 7点〕

／28点

(1) a　　　　b

(2) a　　　　b

(3) a　　　　b

(4) a　　　　b

〈行事を表す語句が聞いてわかる〉

🔊 **2** 音声を聞いて，その内容に合う絵の記号を書きましょう。

〔1問 8点〕

／24点

(1) (　　　)　　　(2) (　　　)　　　(3) (　　　)

a

b

c

3 絵に合う語句を選んて正しく線で結びましょう。

〔1問 8点〕

/32点

(1) FLOWER ●　　　　　● post office

(2) POLICE ●　　　　　● amusement park

(3) ●　　　　　● flower shop

(4) ●　　　　　● police station

〈スポーツを表す語句を書きうつすことがてきる〉

4 絵が表す語句を下の □ から選んで書きましょう。

〔1問 8点〕

/16点

(1)

(2)

```
baseball      dodgeball
badminton    volleyball
```

基本の問題のチェックだよ。
できなかった問題は, しっかり学習してから完成テストをやろう！

合計 得点 ／100点

45

〈スポーツについての会話が聞いてわかる〉

1 音声を聞いて, その内容に合う絵の記号を〇でかこみましょう。

〔1問 7点〕

 ／28点

(1) a　　　　b

(2) a　　　　b

(3) a　　　　b

(4) a　　　　b

〈行事についての文が聞いてわかる〉

2 音声を聞いて, その内容に合う絵を正しく線で結びましょう。

〔1問 8点〕

 ／24点

(1)

(2)

(3)

3 会話が表す絵を選んで正しく線で結びましょう。

〔1問 8点〕

/32点

(1) Where do you want to go?
　　— I want to go to the library.　　●　　　●

(2) Where do you want to go?
　　— I want to go to the department　●　　　●
　　　store.

(3) Where do you want to go?
　　— I want to go to the bookstore.　●　　　●

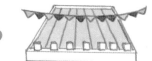

(4) Where do you want to go?
　　— I want to go to the swimming　●　　　●
　　　pool.

4 英文の ___ に入る正しい語句を（　　）の中から選んで書きましょう。

〔1問 8点〕

/16点

(1)

What sport do you want to watch?

— I _____ to watch gymnastics.

(play / want)

(2)

What sport do you want to play?

— I want _____ tennis.

(to go / to play)

完成テスト
完成 ⏰
目標時間 **25**分

I want to see the snow festival.

🔊 47

🔊 **1** 音声を聞いて，絵の内容に合う英語の記号を〇でかこみましょう。🔊

〔1問 8点〕

／24点

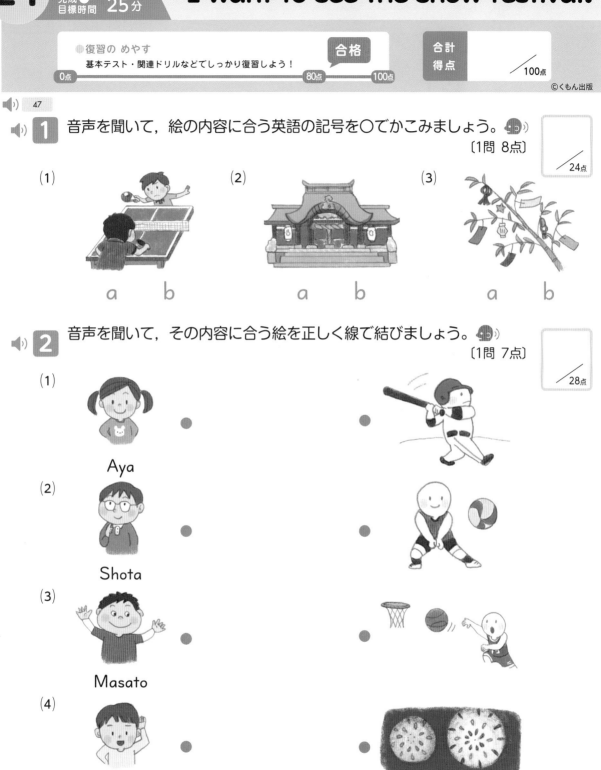

(1)

a　b

(2)

a　b

(3)

a　b

🔊 **2** 音声を聞いて，その内容に合う絵を正しく線で結びましょう。🔊

〔1問 7点〕

／28点

(1)

Aya

(2)

Shota

(3)

Masato

(4)

Takumi

3 絵に合う会話になるように、┈┈┈の中の語句を正しく並べかえてあか
いを□に書きましょう。🔖

〔1問 10点〕 /20点

(1)

What sport do you want to watch?
— I (①) (②) sitting volleyball.

あ want   い to watch

① ☐   ② ☐

(2)

(①) (②) want to watch?
— I want to watch table tennis.

あ do you   い What sport

① ☐   ② ☐

4 英文の ┈┈ に入る正しい語句を( )から選んで書きましょう。✏

〔1問 8点〕 /16点

(1)

_____ country do you want to go?

(Who / What)

— I want to go to Italy.

(2)

Where do you want to go?

— I _____ go to the mountains.

(want to / went to)

5 自分が見たいスポーツを ┈┈ に書きましょう。✏
(教科書や英語辞典などを使ってもよいでしょう。)

〔12点〕 /12点

I want to watch _____ .

My best memory

基本の問題のチェックだよ。
てきなかった問題は,しっかり学習してから完成テストをやろう！

合計
得点 ／100点

©くもん出版

🔊 49

〈小学校の生活についての語句が聞いてわかる〉

🔊 **1** 音声を聞いて，その内容に合う絵の記号を〇でかこみましょう。

〔1問 7点〕 ／28点

(1) a　　　　b

(2) a　　　　b

(3) a　　　　b

(4) a　　　　b

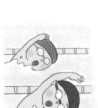

〈小学校の生活についての語句が聞いてわかる〉

🔊 **2** 音声を聞いて，その内容に合う絵の記号を書きましょう。

〔1問 8点〕 ／24点

(1) (　　　　)　　(2) (　　　　)　　(3) (　　　　)

a

b

c

3 絵に合う語句を選んで正しく線で結びましょう。

〔1問 8点〕

32点

(1)

● ● sports day

(2)

● ● school trip

(3)

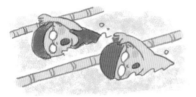

● ● music festival

(4)

● ● swimming meet

〈小学校生活についての語句を書きうつすことができる〉

4 絵が表す語句を下の から選んで書きましょう。

〔1問 8点〕

16点

(1)

(2)

field trip　　　　volunteer day
drama festival　　graduation ceremony

My best memory

基本の問題のチェックだよ。
てきなかった問題は,しっかり学習してから完成テストをやろう!

合計
得点 /100点

〈小学校生活の思い出についての会話が聞いてわかる〉

1 音声を聞いて,その内容に合う絵の記号を〇でかこみましょう。

〔1問 7点〕

/28点

(1) a　　b

(2) a　　b

(3) a　　b

(4) a　　b

〈小学校生活の思い出についての文が聞いてわかる〉

2 音声を聞いて,その内容に合うものを正しく線で結びましょう。

〔1問 8点〕

/24点

(1)

　　●　　●　　

(2)

　　●　　●　　

(3)

　　●　　●　　

3 会話が表す絵を選んで正しく線で結びましょう。

〔1問 8点〕

32点

(1) What's your best memory?
— Our volunteer day in November. ● ●

(2) What's your best memory?
— My best memory is our music
festival. I enjoyed playing the drum. ● ●

(3) What's your best memory?
— Our field trip. I went to the zoo. ●
I saw a panda. ●

(4) What's your best memory?
— My best memory is our sports day. ● ●
I enjoyed tug-of-war. It was fun.

4 英文の ―― に入る正しい語句を（　　）の中から選んで書きましょう。

〔1問 8点〕

16点

(1)

_____ your best memory?

（ What's ／ How ）

— My best memory is our drama festival.

(2) What's your best memory?

— _____ best memory is

（ Your ／ My ）

our school trip.

My best memory

●復習の めやす
基本テスト・関連ドリルなどでしっかり復習しよう！

合格

0点 ——— 80点 —— 100点

合計
得点　　　／100点

◀)) 53

◀)) **1** 音声を聞いて，絵の内容に合う英語の記号を〇でかこみましょう。

〔1問 8点〕

／24点

(1)　(2) 　(3)

　　a　b　　　a　b　　　a　b

◀)) **2** 3人が小学校生活の一番の思い出について話しています。音声を聞いて，その内容に合う絵を正しく線で結びましょう。線を2本結ぶものもあります。

〔1問 完答8点〕

／24点

(1) Aya

(2) Shota

(3) Masato

3 それぞれの人が話している内容に合う絵を選んで，記号を書きましょう。 〔b〕 〔1問 10点〕

/20点

(1) My best memory is our entrance ceremony.
What's your best memory?

(2) My best memory is our sports day.
It was exciting.

a   b   c   d

4 絵に合うように，—— に入る語句を〔 〕から選んで，書きましょう。 〔b〕 〔1問 5点〕

/20点

(1) We _____ to Nara. It was fun.

(2) My best memory is our music festival.

We _____ the songs.

(3) What did you enjoy?

— I _____ our drama festival.

(4) What did you see?

— We _____ many shrines.

> went   saw   sang   enjoyed

5 自分の小学校生活で一番の思い出を，〔 〕から選んで，—— に書きましょう。 🖊

〔12点〕

/12点

My best memory is our _____ .

> school trip   field trip   sports day
> music festival   volunteer day

基本の問題のチェックだよ。
できなかった問題は,しっかり学習してから完成テストをやろう！

合計
得点 ／100点

©くもん出版

🔊 55

〈職業を表す語句が聞いてわかる〉

🔊 **1** 音声を聞いて，その内容に合う絵の記号を〇でかこみましょう。

〔1問 7点〕 ／28点

(1) a　　　　b　　　　(2) a　　　　b

(3) a　　　　b　　　　(4) a　　　　b

〈職業を表す語句が聞いてわかる〉

🔊 **2** 音声を聞いて，関係のある絵の記号を書きましょう。

〔1問 8点〕 ／24点

(1) (　　　)　　(2) (　　　)　　(3) (　　　)

a　　　　　　　　b　　　　　　　　c

3 絵に合う語句を選んで正しく線で結びましょう。

〔1問 8点〕

/32点

(1) ● ● astronaut

(2) ● ● cook

(3) ● ● doctor

(4) ● ● baker

4 絵が表す語句を下の ┊┈┈┊ から選んで書きましょう。

〔1問 8点〕

/16点

(1)

(2)

```
soccer player        bus driver
flight attendant     baseball player
```

What do you want to be?

基本の問題のチェックだよ。
できなかった問題は,しっかり学習してから完成テストをやろう！

合計 得点 ／100点

©くもん出版

🔊 57

〈将来(しょうらい)の夢についての会話が聞いてわかる〉

🔊 **1** 音声を聞いて，その内容に合う絵の記号を〇でかこみましょう。

〔1問 7点〕

／28点

(1) a  b 　(2) a  b

(3) a  b 　(4) a  b

〈将来の夢についての文が聞いてわかる〉

🔊 **2** 音声を聞いて，その内容に合う絵を正しく線で結びましょう。

〔1問 8点〕

／24点

(1) 　●　●　

(2) 　●　●　

(3) 　●　●

3 会話が表す絵を選んで正しく線で結びましょう。

〔1問 8点〕

32点

(1) What do you want to be?
— A dentist.

(2) What do you want to be?
— I want to be a soccer player.

(3) I like animals. I want to be a vet.
— That's good.

(4) I'm good at cooking.
I want to be a cook.
— Good luck.

〈将来の夢についての会話の一部を書きうつすことができる〉

4 次の英文の —— に入る正しい語句を（　　）の中から選んで書きましょう。

〔1問 8点〕

16点

(1)

What do you want to be?

— I want to ＿＿＿＿＿＿＿＿ a singer.

(be / do)

(2)

What do you ＿＿＿＿＿＿＿＿ to be?

(want / like)

— I want to be a train conductor.

完成 ⏱ 目標時間 25分

What do you want to be?

復習の めやす
基本テスト・関連ドリルなどてしっかり復習しよう！ 合格

0点 ——— 80点 — 100点

合計得点 ／100点

59

1 音声を聞いて，絵の内容に合う英語の記号を〇でかこみましょう。 〔1問 8点〕 ／24点

(1) 　　　(2) 　　　(3)

a　b　　a　b　　a　b

2 音声を聞いて，その内容に合う絵を正しく線で結びましょう。 〔1問 8点〕 ／24点

(1) Aya ● ●

(2) Shota ● ●

(3)  Masato ● ●

3 絵に合う会話になるように， ……の中の語句を正しく並べかえて⑥か
⑩を □ に書きましょう。📖

〔1問 10点〕 /20点

(1)

What do you want to be?
— I want (①) (②).

⑥ a pilot　　⑩ to be　　① ☐　② ☐

(2)

What (①) (②) be?
— I want to be an artist.

⑥ want to　　⑩ do you　　① ☐　② ☐

4 絵に合うように， ……から語句を選んで質問とそれに対する答えを完
成させましょう。✏

〔1問 完答8点〕 /16点

(1)

_____ do you want to be?

— I want to be a pianist.

(2)

What do you want to be?

— I want _____ _____

a cook.

Where　What　am　be　to　for

Let's challenge!
5 例にならって，自分が 将来なりたい職業を， ── に書きましょう。✏

〔16点〕 /16点

例　I want to be a _teacher_ .

I want to be a[an] _____ .

基本の問題のチェックだよ。
できなかった問題は，しっかり学習してから完成テストをやろう！

合計
得点 ／100点

61

〈部活動を表す語句が聞いてわかる〉

1 音声を聞いて，その内容に合う絵の記号を〇でかこみましょう。

〔1問 7点〕 ／28点

(1) a   b

(2) a   b

(3) a   b

(4) a   b

〈部活動を表す語句が聞いてわかる〉

2 音声を聞いて，絵の内容と合っていれば〇，合わなければ×を書きましょう。

〔1問 8点〕 ／24点

(1)

(   )

(2)

(   )

(3)

(   )

3 絵に合う語句を選んで正しく線で結びましょう。

〔1問 8点〕

(1) 　　　●　　　　　● English club

(2) 　　　●　　　　　● drama club

(3) 　　　●　　　　　● art club

(4) 　　　●　　　　　● science club

〈部活動を表す語句を書きうつすことができる〉

4 絵が表す語句を下の ┆┄┄┆ から選んで書きましょう。

〔1問 8点〕

(1)

_____

_____

_____

(2)

_____

_____

_____

┌─────────────────────────┐
│ basketball team　volleyball team │
│ cooking club　　　computer club　 │
└─────────────────────────┘

 ©くもん出版　　　　　　　62

What club do you want to join?

©くもん出版

基本の問題のチェックだよ。
てきなかった問題は, しっかり学習してから完成テストをやろう！

合計
得点 ／100点

🔊 63

〈中学校生活・部活動についての会話が聞いてわかる〉

🔊 **1** 音声を聞いて, その内容に合う絵の記号を○でかこみましょう。

〔1問 7点〕 ／28点

(1) a　　b

(2) a　　b

(3) a　　b

(4) a　　b

〈中学校生活・部活動についての文が聞いてわかる〉

🔊 **2** 音声を聞いて, その内容に合う絵を正しく線で結びましょう。

〔1問 8点〕 ／24点

(1)

 ●　　●

(2)

 ●　　●

(3)

 ●　　●

3 会話が表す絵を選んで正しく線で結びましょう。

〔1問 8点〕

32点

(1) What club do you want to join?
　　— I want to join the art club. ●　　●

(2) What team do you want to join?
　　— I want to join the baseball team. ●　　●

(3) What event do you want to enjoy?
　　— I want to enjoy the music festival. ●　　●

(4) What event do you want to enjoy?
　　— I want to enjoy the sports day. ●　　●

4 次の英文の ___ に入る正しい語句を（　　）の中から選んで書きましょう。

〔1問 8点〕

16点

(1)

What club do you want to join?

— I want to ＿＿＿＿＿＿ the English club.

(join / do)

(2)

What ＿＿＿＿＿＿ do you want to join?

(team / school)

— I want to join the soccer team.

完成テスト
完成 ⏰ 目標時間 25分

🔄復習の めやす　　　　　　　　　　　　　　合格
基本テスト・関連ドリルなどでしっかり復習しよう！
0点　　　　　　　　　　　　　80点　　　100点

合計
得点　　　　　／100点

©くもん出版

🔊 65

🔊 **1** 音声を聞いて，絵の内容に合う英語の記号を〇でかこみましょう。🔊
〔1問 8点〕
／24点

(1)　　　　　　　　　　(2)　　　　　　　　　　(3)

　a　　b　　　　　　　a　　b　　　　　　　a　　b

🔊 **2** 音声を聞いて，その内容に合う絵を正しく線で結びましょう。線を2本結ぶものもあります。🔊
〔1問 完答9点〕
／27点

(1)

Aya

(2)

Shota

(3)

Masato

3 絵に合う会話になるように、┊┄┄┄┊の中の語句を正しく並べかえてあか
⓲を □ に書きましょう。

〔1問 10点〕 /20点

(1)
What club do you want to join?
— I want to (①) (②).

┊ あ the art club   ⓲ join ┊

① □   ② □

(2)
What team (①) (②)?
— I want to join the badminton team.

┊ あ do you   ⓲ want to join ┊

① □   ② □

4 男の子が、中学生になったら楽しみたいことについて書いています。
絵を見て、英文の ┄┄ に入る語句を ┊┄┊ から選んで書きましょう。

〔1問 8点〕 /16点

(1) I want to join the soccer team.

I am ＿＿＿＿＿＿＿＿＿ playing soccer.

┊ good at   want to ┊

(2)
I ＿＿＿＿＿＿＿＿＿ a soccer player.

┊ want to play   want to be ┊

5 自分が中学校で入りたい部活動を ┄┄ に書きましょう。
(教科書や英語辞典などを使ってもよいでしょう。)

〔13点〕 /13点

I want to join the
＿＿＿＿＿＿＿＿＿＿＿＿＿＿＿
＿＿＿＿＿＿＿＿＿＿＿＿ .

●復習の めやす
基本テスト・関連ドリルなどでしっかり復習しよう！

合格

0点 ——————————————— 80点 ——— 100点

合計得点 ／100点

©くもん出版

◀) 67

◀) **1** 聞こえた語句を〇でかこみましょう。

〔1問 5点〕 ／50点

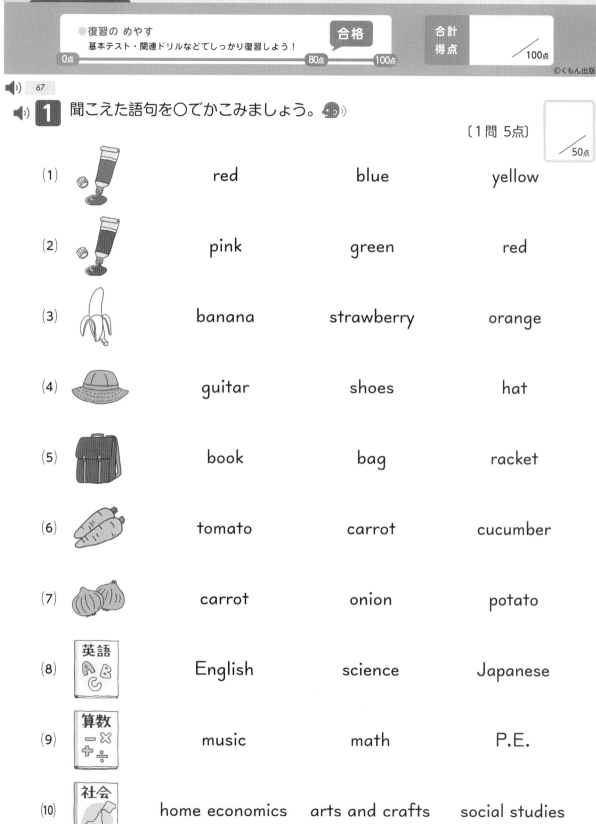

(1) red　　　blue　　　yellow

(2) pink　　　green　　　red

(3) banana　　　strawberry　　　orange

(4) guitar　　　shoes　　　hat

(5) book　　　bag　　　racket

(6) tomato　　　carrot　　　cucumber

(7) carrot　　　onion　　　potato

(8) 英語 English　　　science　　　Japanese

(9) 算数 music　　　math　　　P.E.

(10) 社会 home economics　　　arts and crafts　　　social studies

🔊 **2** 聞こえた語句を〇でかこみましょう。🔊

〔1問 5点〕

/50点

(1) 日	Sunday	Monday	Wednesday
(2) 火	Tuesday	Thursday	Friday
(3) 11/4	October	November	December
(4) 3/3	July	March	May
(5) 8/10	August	September	December
(6) 2/4	January	February	April
(7)	birthday	New Year's Day	Star Festival
(8)	color	animal	food
(9)	fruit	name	food
(10)	animal	food	sport

色や果物・野菜, 教科を
表す語句などを
覚えているかな。

●復習の めやす
基本テスト・関連ドリルなどでしっかり復習しよう！
合格
0点 80点 100点
合計得点 ／100点
©くもん出版

◀)) 69

◀)) **1** 聞こえた語句を〇でかこみましょう。◀))

〔1問 5点〕

／50点

(1)　　　　　　see　　　　　buy　　　　　eat

(2)　　　　　　sing　　　　　speak　　　　swim

(3)　　　　　　play　　　　　run　　　　　dance

(4)　　　　　　skate　　　　ski　　　　　cook

(5)　　　　　　like　　　　　cook　　　　jump

(6)　　　　　　go　　　　　　eat　　　　　study

(7)　　　　　　get up　　　　eat lunch　　go to bed

(8)　　　　　　astronaut　　cook　　　　doctor

(9)　　　　　　dentist　　　vet　　　　　singer

(10)　　　　　　baker　　　　teacher　　　pianist

69

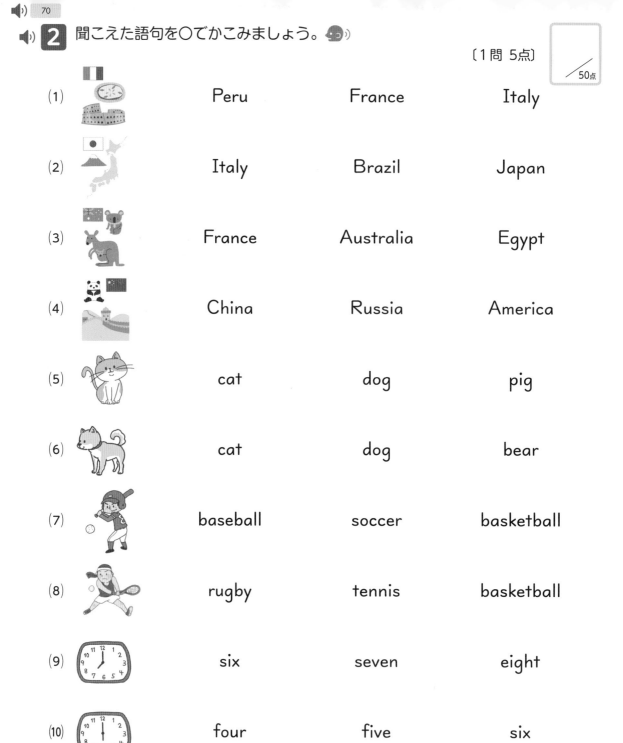

🔊 **2** 聞こえた語句を〇でかこみましょう。🔊

〔1問 5点〕

50点

(1) Peru France Italy

(2) Italy Brazil Japan

(3) France Australia Egypt

(4) China Russia America

(5) cat dog pig

(6) cat dog bear

(7) baseball soccer basketball

(8) rugby tennis basketball

(9) six seven eight

(10) four five six

動作を表す単語や，
職業，国名を表す語句などは
覚えているかな。

目標時間
20分

©くもん出版

● 復習の めやす
基本テスト・関連ドリルなどでしっかり復習しよう！

合格

合計
得点 ／100点

0点 ━━━━━━━━━ 80点 ━━ 100点

🔊 71

🔊 **1** 聞こえた語句を〇でかこみましょう。 🔊

〔1問 5点〕

／50点

(1) soup　　　spaghetti　　　pizza

(2) omelet　　　salad　　　pudding

(3) noodle　　　steak　　　parfait

(4) ice cream　　　bread　　　pizza

(5) curry and rice　　　rice ball　　　soda pop

(6) fun　　　kind　　　beautiful

(7) brave　　　fun　　　great

(8) famous　　　friendly　　　great

(9) active　　　gentle　　　popular

(10) drama festival　　　school trip　　　sports day

2 聞こえた語句を〇でかこみましょう。

〔1問 5点〕

/50点

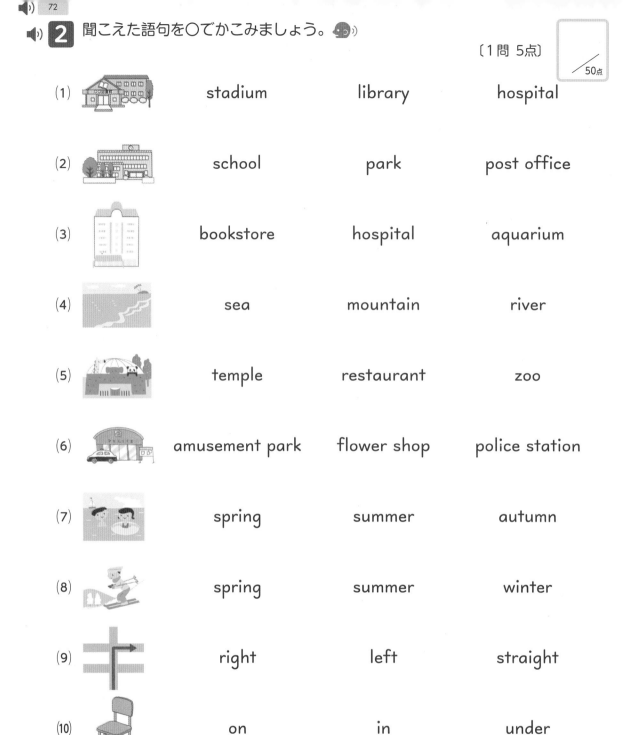

(1) stadium　　　library　　　hospital

(2) school　　　park　　　post office

(3) bookstore　　　hospital　　　aquarium

(4) sea　　　mountain　　　river

(5) temple　　　restaurant　　　zoo

(6) amusement park　　　flower shop　　　police station

(7) spring　　　summer　　　autumn

(8) spring　　　summer　　　winter

(9) right　　　left　　　straight

(10) on　　　in　　　under

食べ物や建物を
表す語句などは
覚えているかな。

37 目標時間 20分 仕上げテスト(1)

●復習の めやす
基本テストなどでしっかり復習しよう！
0点　80点 合格　100点

合計得点　/100点

73

〈自己紹介(じこしょうかい)で使う語句が聞いてわかる〉

1 音声を聞いて，その内容に合う絵の記号を○でかこみましょう。

〔1問 7点〕　/28点

(1) a
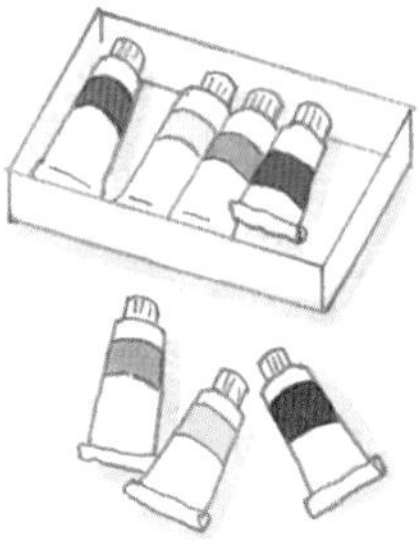
b

(2) a
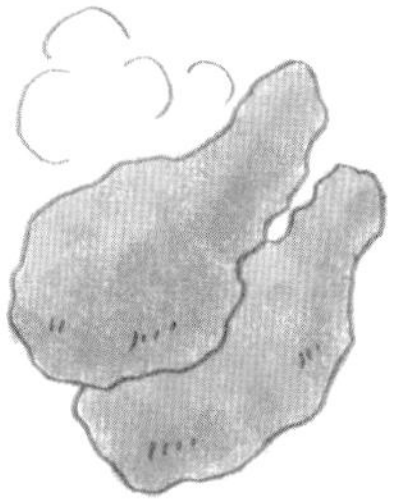
b
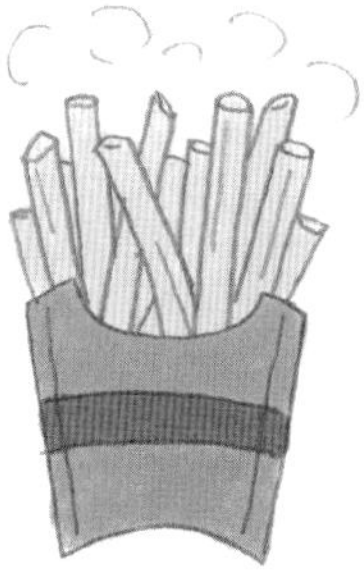

(3) a

b

(4) a

b

〈いろいろな動作を表す語句が聞いてわかる〉

2 音声を聞いて，絵の内容と合っていれば○，合わなければ×を書きましょう。

〔1問 8点〕　/24点

(1)

(　　)

(2)

(　　)

(3)

(　　)

3 質問に合う答えを表す絵を選んで正しく線で結びましょう。

〔1問 8点〕 32点

(1) Where do you want to go?　●

　　　　　　　　　　　　　　　　　●　

(2) When is your birthday?　●

　　　　　　　　　　　　　　　　●　

(3) Who is your hero?　●

　　　　　　　　　　　　　　●　

(4) What time do you get up?　●

　　　　　　　　　　　　　　　　●　

〈好きなもの・てきることに関する会話の一部を書きうつすことがてきる〉

4 絵に合う会話になるように，＿＿に合う語句を（　　）の中から選んで書きましょう。

〔1問 8点〕 16点

(1)

What animal do you like?

— I ＿＿＿＿＿＿＿ cats.

(want / like)

(2)

＿＿＿＿＿＿＿ you play *kendama*?

(Can / Do)

— Yes, I can.

74

©くもん出版

● 復習の めやす
基本テストなどでしっかり復習しよう！

合格

0点 —————————————— 80点 —— 100点

合計 得点 ____/100点

🔊 75

〈自己紹介て使う語句が聞いてわかる〉

🔊 **1** 音声を聞いて，その内容に合う絵の記号を○でかこみましょう。

〔1問 7点〕 ____/28点

(1) a　　b　　(2) a　　b

(3) a　　b　　(4) a　　b

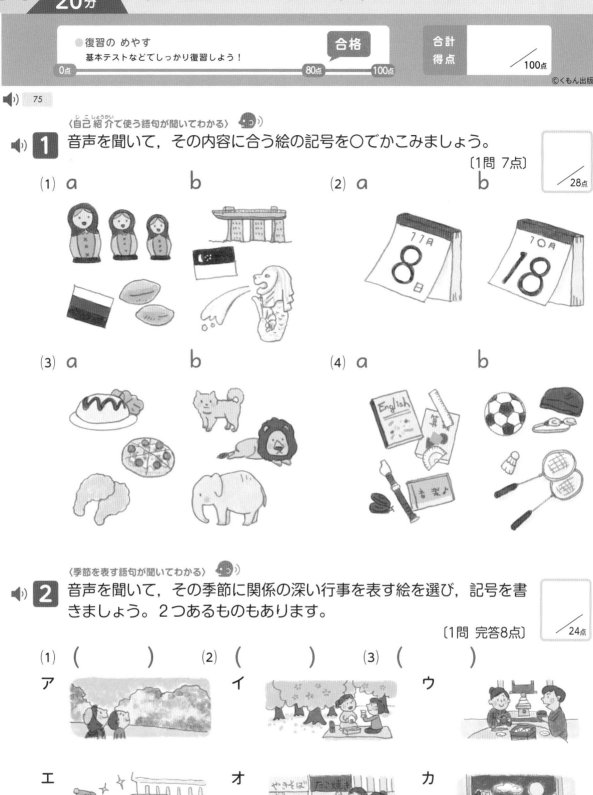

〈季節を表す語句が聞いてわかる〉

🔊 **2** 音声を聞いて，その季節に関係の深い行事を表す絵を選び，記号を書きましょう。2つあるものもあります。

〔1問 完答8点〕 ____/24点

(1) (　　)　　(2) (　　)　　(3) (　　)

ア　　イ　　ウ

エ　　オ　　カ

3 英文が表す絵を選んで記号を書きましょう。2つあるものもあります。

〔1問 完答8点〕

/32点

(1) Hi, I'm Anna.
I'm from Russia.
I like dogs.　　　（　　　）

(2) Welcome to Japan.
We eat *zoni* on New Year's Day.
It's delicious.　　　（　　　）

(3) My name is Paul Brown.
My birthday is February 1st.
I'm good at swimming.
　　　　　　　（　　　）

(4) Welcome to Japan.
You can enjoy *rakugo*.
It's fun.　　　（　　　）

ア　　　　　イ

ウ　　　　　エ

オ　　　　　カ

4 絵に合う英文になるように、＿＿ に合う語を（　）の中から選んで書きましょう。

〔1問 8点〕

/16点

(1)

_____ to Japan.

(Nice / Welcome)

You can enjoy fireworks in summer.

(2)

What is your favorite _____ ?

(food / animal)

— Fried chicken.

©くもん出版

● 復習の めやす
基本テストなどでしっかり復習しよう！

合格

0点 ——————— 80点 —— 100点

合計得点 ／100点

77

〈人の様子を表す語句が聞いてわかる〉

1 音声を聞いて，その内容に合う絵の記号を〇でかこみましょう。

〔1問 7点〕 ／28点

(1) a   b   (2) a   b

(3) a   b   (4) a   b

〈建物や施設を表す語句が聞いてわかる〉

2 音声を聞いて，絵の内容を表す英語の記号を〇でかこみましょう。

〔1問 8点〕 ／24点

(1)   (2)   (3)

a b   a b   a b

3 英文が表す絵を選んで正しく線で結びましょう。

〔1問 8点〕

(1) This is my friend, Haruka.
She can sing well.
She is popular. ●

(2) We have beautiful mountains.
We can enjoy *hanami* and *momijigari*. ●

(3) I like my sister.
She is good at math.
She is great. ●

(4) This is my town.
We have a big stadium.
We can watch baseball. ●

4 絵に合う英文になるように，——に合う語を（　）の中から選んで書きましょう。

〔1問 8点〕

(1)

I ＿＿＿＿＿＿ to the lake.

(was / went)

I enjoyed fishing.

(2)

I went to the summer festival.

I ＿＿＿＿＿＿ *takoyaki*.

(saw / ate)

目標時間 **20分**

©くもん出版

● 復習の めやす
基本テストなどてしっかり復習しよう！

合格

0点　　　　　　　　　80点　　100点

合計
得点　　　／100点

79

〈小学校生活を表す語句が聞いてわかる〉

1 音声を聞いて，その内容に合う絵を１つずつ □ から選んで記号を書きましょう。

〔1問 7点〕　／28点

(1) (　　　　)　(2) (　　　　)　(3) (　　　　)　(4) (　　　　)

〈中学校の部活動を表す語句が聞いてわかる〉

2 音声を聞いて，絵の内容と合っていれば〇，合わなければ×を書きましょう。

〔1問 8点〕　／24点

(1)　　　　　　　(2)　　　　　　　(3)

(　　　　)　　　(　　　　)　　　(　　　　)

3 英文が表す絵を選んで正しく線で結びましょう。

〔1問 8点〕

(1) What team do you want to join?
— I want to join the basketball team.

● ●

(2) What sport do you want to watch?
— I want to watch the marathon.

● ●

(3) What do you want to be?
— I am good at drawing.
I want to be an artist.

● ●

(4) What country do you want to go to?
— I want to go to the U.S.
I want to study English.

● ●

4 絵に合う会話になるように， ___ に合う語句を（　　）の中から選んで書きましょう。

〔1問 8点〕

(1)

_____ your best memory?

(What's / When)

— My best memory is our field trip.

(2)

What do you want _____ in the future?

(to be / to go)

— I want to be an astronaut.

解答

1 P.1-2 アルファベット(1)

1
(1) G (2) E (3) F
(4) R (5) Q (6) H

🔊 **読まれた英語**
(1) G (2) E (3) F (4) R (5) Q (6) H

2
(1) j (2) y (3) i
(4) d (5) b (6) m

🔊 **読まれた英語**
(1) j (2) y (3) i (4) d (5) b (6) m

3
A B C D E F G H I
J K L M N O P Q R
S T U V W X Y Z

4
a b c d e f g h i
j k l m n o p q r
s t u v w x y z

2 P.3-4 アルファベット(2)

1
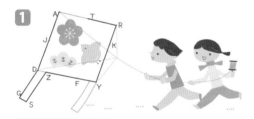

🔊 **読まれた英語**
AJDGSZFYKRT

2

🔊 **読まれた英語**
nlecmx　upwvbk

3
(1) J K L M
(2) W X Y Z
(3) a b c d
(4) n o p q

4
(1) b (2) T (3) Y
(4) g (5) Q (6) r

3 P.5-6 前学年までの復習(1)

1
(1) b (2) a (3) a (4) b

🔊 **読まれた英語(訳)**
(1) badminton (バドミントン)
(2) September fifteenth (9月15日)
(3) birthday (誕生日) (4) fruit (果物)

2
(1) ○ (2) × (3) ○

🔊 **読まれた英語(訳)**
(1) My name is Yuki. (わたしの名前はユキです。)
(2) I like red. (わたしは赤が好きです。)
(3) I don't like onions.
 (わたしは玉ねぎが好きではありません。)

3

(1) My name is Tanaka Aya.
(2) I don't like dogs.
(3) My birthday is January 9th.
(4) I like ice cream.

4 (1) August (2) cap

4 P.7-8 前学年までの復習(2)

1 (1) イ (2) ウ (3) カ (4) ア

🔊 **読まれた英語(訳)**
(1) baker (パン屋) (2) social studies (社会)
(3) vet (獣医) (4) math (算数)

ポイント (1) baker は「パンを焼く人」の意味で,「パン屋」(パンを売る店) は bakery と言います。

2 (1) a (2) a (3) b

🔊 読まれた英語（訳）
(1) a. go to school （学校に行く）
　　 b. go to bed （ねる）
(2) a. eat breakfast （朝食を食べる）
　　 b. wash the dishes （皿を洗う）
(3) a. take out the garbage （ゴミを出す）
　　 b. clean my room （わたしの部屋をそうじする）

ポイント (1) go to bed は「ベッドへ行く」→「ねる」という意味です。get up「起きる」といっしょに覚えましょう。

3 (1) × (2) ○ (3) × (4) ○

ポイント (1)「わたしは8時に起きます。」絵が表している時刻は7時です。(2) arts and crafts は「図工」の意味です。(3)「わたしは国語がありません。」(4)「わたしは3時に家に帰ります。」

4 (1) What (2) P.E.

ポイント (1)「あなたは何時に寝ますか。」という文にします。(2)質問は「あなたは金曜日に何がありますか。」という意味です。P.E. は physical education の略で「体育」という意味です。

---

5 P.9-10 前学年までの復習(3)

1 (1) a (2) a (3) b (4) b

🔊 読まれた英語（訳）
(1) buy （買う） (2) swim fast （速く泳ぐ）
(3) play the guitar （ギターをひく）
(4) sing well （上手に歌う）

ポイント (3)「（楽器を）演奏する」も「（スポーツを）する」も play で表します。play のあとの語句をよく聞きましょう。

2 (1) b (2) a (3) a

🔊 読まれた英語（訳）
(1) a. Brazil （ブラジル） b. Egypt （エジプト）
(2) a. China （中国） b. India （インド）
(3) a. France （フランス） b. Canada （カナダ）

ポイント (1)「ピラミッド」はエジプトに，(2)「万里の長城」は中国に，(3)「エッフェル塔」はフランスにあります。

3

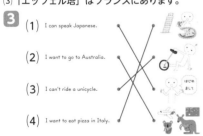

(1) I can speak Japanese.
(2) I want to go to Australia.
(3) I can't ride a unicycle.
(4) I want to eat pizza in Italy.

ポイント (1) I can ～. は「わたしは～できます。」という意味です。(2)(4) I want to ～. は「わたしは～したいです。」という意味です。(3) I can't ～. は「わたしは～できません。」という意味です。

4 (1) can't (2) What

ポイント (1) Can you ～? は「あなたは～できますか。」とたずねる言い方です。No「いいえ」と答えているので，「できません」という意味にします。
(2) I want to watch baseball.「わたしは野球を見たいです。」と答えているので，「あなたはアメリカで何をしたいですか。」とた

すねる文にします。Where は「どこ」と場所をたずねるときに使います。

6 P.11-12 前学年までの復習(4)

1 (1) ウ (2) ア (3) イ

🔊 読まれた英語（訳）
(1) omelet （オムレツ） (2) ice cream （アイスクリーム）
(3) fried chicken （フライドチキン）

ポイント メニューの値段を見て，それぞれの金額に合う絵を選びましょう。

2 (1) × (2) ○ (3) ○

🔊 読まれた英語（訳）
(1) on the desk （机の上）
(2) in the basket （カゴの中に）
(3) turn right （右に曲がる）

ポイント (1) on は「～の上に」，(2) in は「～の中に」という意味です。
(3) turn right は「右に曲がる」という意味で道順を説明するときなどに使います。「左に曲がる」は turn left です。

3

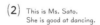

(1) This is Kazuya. He is cool.
(2) This is Ms. Sato. She is good at dancing.
(3) My hero is my brother, Koji. He can speak English well.
(4) My hero is Akiko. She can do kendo. She is brave.

ポイント (2) good at ～は「～が得意な」という意味です。

4 (1) What (2) How

ポイント (1) What would you like?「何になさいますか。」はレストランなどで店の人が注文を聞くときの表現です。I'd like ～.「～をお願いします」と答えます。
(2)物の値段をたずねるときは How much ～?「～はいくらですか」と言います。

7 基本テスト① P.13-14 I'm from Italy.

1 (1) a (2) b (3) b (4) b

🔊 読まれた英語（訳）
(1) Egypt （エジプト） (2) Russia （ロシア）
(3) Brazil （ブラジル） (4) Italy （イタリア）

2 (1) × (2) ○ (3) ○

🔊 読まれた英語（訳）
(1) January twenty-sixth （1月26日）
(2) August thirty-first （8月31日）
(3) December eleventh （12月11日）

ポイント 英語で日付を言うときには，「何番目の日」という言い方をします。「1日（ついたち）」は「1番目の日」なので 1st (first)，

12日（ふつか）は12番目の日」なので 2nd (second)、13日（みっか）」は「3番目の日」なので 3rd (third) です。

3 (1) ~ (4)

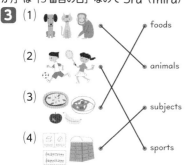

- foods
- animals
- subjects
- sports

4 (1) Brazil (2) Italy

---

8 基本テスト② P.15-16 **I'm from Italy.**

1 (1) b (2) a (3) b (4) a

🔊 読まれた英語 (訳)
(1) Hi, I'm Muhammad. I'm from Egypt. (こんにちは、わたしはムハンマドです。わたしはエジプト出身です。)
(2) Hi, I'm Anastasia. I'm from Russia. (こんにちは、わたしはアナスタシアです。わたしはロシア出身です。)
(3) My name is Sophia. I'm from Brazil. (わたしの名前はソフィアです。わたしはブラジル出身です。)
(4) My name is Antonio. I'm from Italy. (わたしの名前はアントニオです。わたしはイタリア出身です。)

ポイント (1), (2)の I'm ～.「わたしは～です。」も、(3), (4)の My name is ～.「わたしの名前は～です。」も、自分の名前を相手に伝える言い方です。(1)～(4)の I'm from ～. は「わたしは～出身です。」と自分の出身地を伝える言い方です。

2 (1) ~ (3)

🔊 読まれた英語 (訳)
(1) Hi, Shota. What is your favorite sport?
— My favorite sport is soccer.
(こんにちは、ショウタ。あなたの大好きなスポーツは何ですか。—わたしの大好きなスポーツはサッカーです。)
(2) Hello, Luksh. What food do you like?
— I like curry and rice.
(こんにちは、ラクシュ。あなたはどんな食べ物が好きですか。—わたしはカレーライスが好きです。)
(3) Hi, Tasha. What is your favorite animal?
— I like cats. (こんにちは、ターシャ。あなたの大好きな動物は何ですか。—わたしはネコが好きです。)

ポイント (1), (3)の your favorite ～ は、「あなたの大好きな～」という意味です。
(2)の What food do you like? の What food は、「どんな食べ物」の意味で、「あなたはどんな～が好きですか。」とたずねるときに使います。
(1), (3)を(2)のたずね方と同じ形にすると、(1)は What sport do you like? となり、(3)は What animal do you like? となります。

---

3 (1) ~ (4)

(1) Hello. I'm Mark.
I'm from Singapore.

(2) Hello. I'm Sophia Silva.
My nickname is Sophie.

(3) Hi, I'm Kazuo. My nickname is Kazu.
I'm from Nagoya.

(4) Hi, I'm Aya. I like dancing.
My birthday is March 18th.

Kazu
3 March 18
Sophie

4 (1) I'm (2) subject

---

9 完成テスト P.17-18 **I'm from Italy.**

1 (1) a (2) a (3) b

🔊 読まれた英語 (訳)
(1) a. Hi, I'm Mark. I'm from America.
(こんにちは、わたしはマークです。わたしはアメリカ出身です。)
※ここでは、アメリカは「アメリカ合衆国」のことですが、the U.S., the U.S.A. など、ほかにもアメリカを表す言い方があります。
b. Hello. My name is Anastasia. I'm from Russia. (こんにちは。わたしの名前はアナスタシアです。わたしはロシア出身です。)
(2) a. Hello, my name is Luksh. I'm from India. I am good at cooking. (こんにちは、わたしの名前はラクシュです。わたしはインド出身です。わたしは料理が得意です。)
b. Hi, I'm Sophia. My nickname is Sophie. I like music.
(こんにちは、わたしはソフィアです。わたしのあだ名はソフィーです。わたしは音楽が好きです。)
(3) a. Hello, I'm John. I'm from Australia. My favorite sport is baseball. Thank you.
(こんにちは、わたしはジョンです。わたしはオーストラリア出身です。わたしのお気に入りのスポーツは野球です。ありがとう。)
b. Hi, my name is Muhammad. I'm from Egypt. My birthday is September 10th. (こんにちは、わたしの名前はムハンマドです。わたしはエジプト出身です。わたしの誕生日は9月10日です。)

ポイント (2)の I am good at ～. は、「わたしは～が得意です。」の意味です。nickname は、「あだ名」の意味です。(3)の favorite は、「お気に入りの、大好きな」という意味です。

2 (1) ~ (3)

Shota
Aya
Masato

◀)) 読まれた英語（訳）

(1) Hello. I'm Shota. I like ice cream. I like science. I can run fast.（こんにちは。わたしはショウタです。わたしはアイスクリームが好きです。わたしは理科が好きです。わたしは速く走ることができます。）

(2) Hi, I'm Aya. I'm good at singing. My favorite color is red. Thank you.（こんにちは，わたしはアヤです。わたしは歌うことが得意です。わたしの大好きな色は赤です。ありがとう。）

(3) Hello. I'm Masato. My nickname is Masa. My birthday is July 10th. I like swimming.（こんにちは。わたしはマサトです。わたしのあだ名はマサです。わたしの誕生日は7月10日です。わたしは泳ぐのが好きです。）

3 (1) ① い　② あ

(2) ① い　② あ

4 (1) What　(2) sport

5 （例）Tokyo （東京）

10 基本テスト① P.19-20　Welcome to Japan.

1 (1) a　(2) b　(3) b　(4) a

◀)) 読まれた英語（訳）

(1) spring （春）　(2) fall （秋）

(3) summer （夏）　(4) winter （冬）

ポイント (2) 「秋」を表す語として，autumn も fall と同じように使えます。

2 (1) b　(2) c　(3) a

◀)) 読まれた英語（訳）

(1) December （12月）　(2) May （5月）

(3) October （10月）

3 (1)

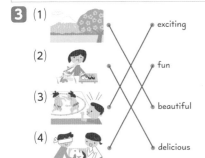

exciting

fun

beautiful

delicious

4 (1) summer　(2) winter

11 基本テスト② P.21-22　Welcome to Japan.

1 (1) a　(2) b　(3) a　(4) b

◀)) 読まれた英語（訳）

(1) Welcome to Japan. In summer, we have fireworks festivals.
（日本へようこそ。夏には，花火大会があります。）

(2) In winter, we have snow festivals.
（冬には，雪祭りがあります。）

(3) Hello. In spring, we have hanami. It's great.
（こんにちは。春には，花見があります。それはすばらしいです。）

(4) Hi, I'm Jun. Welcome to our school. In fall, we have our sports day. It's fun. （こんにちは，わたしはジュンです。わたしたちの学校へようこそ。秋には，運動会があります。それは楽しいです。）

ポイント (1)～(4)の summer, winter, spring, fall の季節を表す語の前に in をつけると，in summer「夏に，夏には」のように，「〜に」という意味になります。We have 〜. は，「わたしたちは〜を持ちます。」がそのままの意味（直訳）ですが，日本語でわかりやすいように言うと，「〜があります。」となります。

(1), (4)の Welcome to 〜. は，「〜へようこそ。」とかんげいする気持ちを表す言い方です。

2 (1)
(2)
(3)

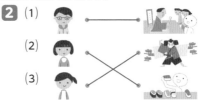

◀)) 読まれた英語（訳）

(1) You can enjoy rakugo. It's fun. （あなたは落語を楽しむことができます。それは楽しいです。）

(2) We have sushi. It's delicious. I like it very much. （わたしたちはすしを食べます。それはおいしいです。わたしはそれが大好きです。）

(3) You can enjoy kabuki. In kabuki, you can see beautiful kimonos. （あなたはかぶきを楽しむことができます。かぶきでは，美しい着物を見ることができます。）

ポイント (1), (3)の You can enjoy 〜. は，「あなたは〜を楽しむことができます。」の意味です。

(1), (3)の rakugo「落語」，kabuki「かぶき」，kimono「着物」のように，日本のもので，英語にあてはまる語がないものの名前は，斜体字（ななめの文字）で書きます。

(3)の kimono は，複数あることを表すために，語の最後に s をつけます。

3 (1) Welcome to Japan.
　　You can enjoy hanami in spring.

(2) Welcome to Japan. We have sumo.
　　It's exciting.

(3) Welcome to Japan.
　　You can enjoy takoage and komamawashi on New Year's Day.

(4) Welcome to Japan. We have matcha.
　　It's tea. It's bitter.

4 (1) Welcome　(2) summer

12 完成テスト P.23-24　Welcome to Japan.

1 (1) a　(2) a　(3) b

◀)) 読まれた英語（訳）

(1) a. Hello. Welcome to Japan. We have delicious foods in Japan.

物があります。）
b. Hello. My name is Ken. Nice to meet you.
（こんにちは。わたしの名前はケンです。はじめまして。）

(2) a. Hello. Welcome to Japan. We have beautiful mountains. You can enjoy hiking. （こんにちは。日本へようこそ。日本には美しい山々があります。あなたはハイキングを楽しむことができます。）

b. Hi, welcome to Japan. We have traditional sports. I like *kendo*.
（こんにちは，日本へようこそ。日本には伝統的なスポーツがあります。わたしは剣道が好きです。）

(3) a. Hi, I'm Kumi. We have *momijigari* in October. It's beautiful. （こんにちは，わたしはクミです。10月には紅葉がりがあります。それは美しいです。）

b. You can enjoy *bon-odori* in summer. It's fun. （あなたは夏に盆おどりを楽しむことができます。それは楽しいです。）

ポイント (1) a の delicious は「おいしい」，in Japan は「日本には」の意味です。
(2) a の beautiful は「美しい」，b の traditional は「伝統的な」の意味です。
(3) b の fun は「楽しさ，おもしろさ」という意味です。It's fun. で「それは楽しいです。」，「それはおもしろいです。」という意味を表すことができます。

2 (1) オ (2) カ (3) エ

🔊 **読まれた英語（訳）**
(1) Hello. I'm Shota. Welcome to Japan. We have *oshogatsu* in winter. You can enjoy *takoage*. It's fun. （こんにちは。わたしはショウタです。日本へようこそ。冬にはお正月があります。あなたはたこあげを楽しむことができます。それは楽しいです。）
(2) Hi, I'm Aya. We have delicious foods in Japan. This is *daifuku*. It's very sweet.（こんにちは，わたしはアヤです。日本にはおいしい食べ物があります。これは大福です。それはとてもあまいです。）
(3) Hi, I'm Masato. You can enjoy watching *sumo*. It's very exciting. （こんにちは，わたしはマサトです。あなたはすもうを見て楽しむことができます。それはとてもわくわくします。）

ポイント (3) の watching ～は，「～を見ること」の意味，exciting は「わくわくさせるような」の意味です。

3 a, d

4 (1) winter, have (2) spring, can

5 （例）*takoage* （たこあげ）
shogi （しょうぎ）
rakugo （落語）
origami （折り紙）
ikebana （生け花）

13 基本テスト① P.25-26 **Who is this?**

1 (1) a (2) a (3) b (4) a

🔊 **読まれた英語（訳）**
(1) famous （有名な） (2) active （活発な）
(3) brave （勇かんな） (4) friendly （親しみやすい）

2 (1) c (2) a (3) b

🔊 **読まれた英語（訳）**
(1) popular （人気がある） (2) funny （おかしい）
(3) gentle （やさしい）

3 (1)

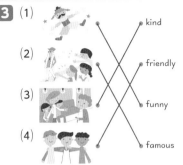

kind
friendly
funny
famous

4 (1) popular (2) friendly

14 基本テスト② P.27-28 **Who is this?**

1 (1) b (2) b (3) b (4) a

🔊 **読まれた英語（訳）**
(1) This is my friend, Aya. She is always friendly. （こちらはわたしの友達のアヤです。彼女はいつも親しみやすいです。）
(2) I have a good friend. He is good at playing badminton. He is great. （わたしにはよい友達がいます。彼はバドミントンをするのが上手です。彼はすばらしいです。）
(3) I like dogs. I have a white dog. He can run fast. He is brave. （わたしは犬が好きです。わたしは白いイヌを飼っています。彼は速く走れます。彼は勇かんです。）
(4) I like Hide. He is a singer. He is good at singing and dancing. He is very famous. （わたしはヒデが好きです。彼は歌手です。彼は歌とおどりが得意です。彼はとても有名です。）

ポイント (2)の I have a good friend. は，直訳すると「わたしはよい友達を持っています。」の意味ですが，日本語でわかりやすく言うと，「わたしにはよい友達がいます。」となります。
(2)，(4)の good at ～は「～が得意な，～が上手な」の意味です。

2 (1)

🔊 **読まれた英語（訳）**
(1) I have a good friend. He is Kohei. He is kind. （わたしにはよい友達がいます。彼はコウヘイです。彼は親切です。）
(2) I have a brother. He is Yuta. He can swim fast. He is active. （わたしには兄〔弟〕がいます。彼はユウタです。彼は速く泳ぐことができます。彼は活発です。）

(3) I like Keisuke. He is a soccer player. He is cool and great. (わたしはケイスケが好きです。彼はサッカー選手です。彼はかっこよくて, すばらしいです。)

3 (1) I like Yuzuru.
He is a figure skater.
He is very famous.

Take it easy!

(2) This is my grandmother.
She is good at cooking.
She is always gentle.

(3) She is good at volleyball.
She can jump high. She is active.

(4) I like my father.
He can speak English very well.
He is great.

4 (1) He (2) She

---

15 完成テスト P.29-30 **Who is this?**

1 (1) a (2) a (3) b

🔊 **読まれた英語(訳)**

(1) a. I have a sister. She is active.
(わたしには姉〔妹〕がいます。彼女は活発です。)
b. He is my brother. He is gentle. (彼はわたしの兄〔弟〕です。彼はやさしいです。)

(2) a. I like Nao. She can play the recorder well. She is friendly.
(わたしはナオが好きです。彼女はリコーダーを上手に演奏することができます。彼女は親しみやすいです。)
b. I have a good friend. She is Emi. She is good at *kendama*. (わたしにはよい友だちがいます。彼女はエミです。彼女はけん玉が上手です。)

(3) a. This is my friend, Kohei. He is a good baseball player. He is great. (こちらはわたしの友達のコウヘイです。彼は上手な野球選手です。彼はすばらしいです。)
b. He is my teacher. He can do *judo*. He is cool. He is brave, too. (彼はわたしの先生です。彼は柔道ができます。彼はかっこいいです。彼は勇かんでもあります。)

ポイント (2) a の play the recorder は, 「リコーダーを演奏する」の意味です。楽器を演奏することを表すときは, 楽器名の前に必ず the をつけます。friendly には, 「友情のある, 友好的な」などの意味があります。

2 (1) Saki (2) Shota (3) Masato

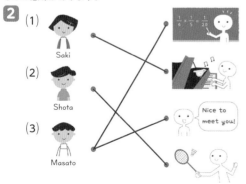

Nice to meet you!

🔊 **読まれた英語(訳)**

(1) I like Saki. She can play the piano well.

She is always friendly.
(わたしはサキが好きです。彼女はピアノを上手にひくことができます。彼女はいつも親しみやすいです。)

(2) This is my friend, Shota. He is good at playing badminton. He can jump high. He is active. (こちらはわたしの友達のショウタです。彼はバドミントンをするのが上手です。彼は高くジャンプすることができます。彼は活発です。)

(3) He is Masato. He is my friend. He is good at math. He can speak English, too. He is great. (彼はマサトです。彼はわたしの友達です。彼は算数が得意です。彼は英語を話すこともできます。彼はすばらしいです。)

3 (1) ① あ ② い
(2) ① い ② あ

4 (1) She (2) He

5 (例) kind (親切な) friendly (親しみやすい)
brave (勇かんな) famous (有名な)
popular (人気のある)

---

16 基本テスト① P.31-32 **We have a nice park.**

1 (1) a (2) a (3) a (4) b

🔊 **読まれた英語(訳)**

(1) park (公園) (2) hospital (病院)
(3) convenience store (コンビニエンスストア)
(4) bookstore (本屋)

ポイント (3)の convenience store は, convenience と store の間にスペースを入れますが, (4)の bookstore はスペースを入れずにつなげて書きます。

2 (1) × (2) ○ (3) ×

🔊 **読まれた英語(訳)**

(1) temple (寺院)
(2) department store (デパート, 百貨店)
(3) swimming pool (水泳プール)

ポイント (2)の department store は, department と store の間にスペースを入れます。
(3)の pool には, 「水泳用プール」の意味のほかに, 「水たまり」, 「小さな池」などの意味もあるので, 水泳用のプールであることをはっきりさせるために swimming をつけます。

3 (1)

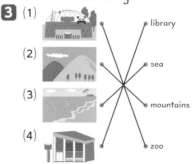

library

sea

mountains

zoo

4 (1) convenience store
(2) amusement park

1 (1) b　(2) b　(3) a　(4) b

◀)) 読まれた英語（訳）

(1) I like my town. We have a big library. （わたしはわたしの町が好きです。わたしたちの町には大きな図書館があります。）

(2) This is my town. We have a nice park. We can enjoy jogging in the park. （これはわたしの町です。わたしたちの町にはすてきな公園があります。わたしたちはその公園でジョギングを楽しむことができます。）

(3) I live in Midori City. We have beautiful mountains. We can enjoy hiking. （わたしはみどり市に住んでいます。わたしたちの町には美しい山々があります。わたしたちはハイキングを楽しむことができます。）

(4) I like my town. We have a station, a convenience store and a nice cafe. We don't have a department store. （わたしはわたしの町が好きです。わたしたちの町には駅とコンビニエンスストアとすてきなカフェがあります。デパートはありません。）

ポイント (1), (2), (4)の my town は，「わたしの町」，「わたしが住んでいる町」を表します。

(1)～(4)の We have ～. は，直訳すると「わたしたちは～を持っています。」の意味ですが，日本語でわかりやすく言うと，「わたしたちの町には～があります。」となります。

(2), (4)の nice は「すてきな，すばらしい」，(3)の live は，「住む，住んでいる」の意味です。Midori City「みどり市」のように，市の名前を言うときは，最初の文字を大文字にします。

2 (1) (2) (3)

◀)) 読まれた英語（訳）

(1) I like my town. We have a swimming pool. We can enjoy swimming. （わたしはわたしの町が好きです。わたしたちの町にはプールがあります。わたしたちは水泳を楽しむことができます。）

(2) My town is nice. We can see the beautiful sea. We have an aquarium. （わたしの町はすばらしいです。わたしたちは美しい海を見ることができます。町には水族館があります。）

(3) I live in a big town. We have a hospital, a library and new buildings. （わたしは大きな町に住んでいます。わたしたちの町には，病院と図書館と新しいビルがあります。）

ポイント (2)の sea「海」には，必ず the をつけます。(3)の live in ～ は「～に住んでいる」と，住んでいる場所を言うときに使う言い方です。hospital は「病院」，library は「図書館」の意味です。building は「ビル，建物」の意味ですが，複数あることを表すために最後に s をつけます。

3 (1) This is my town. We have an amusement park.

(2) I like my town. We have a department store, a cafe and a restaurant.

(3) My town is beautiful. We have a big park. We can see trees and flowers.

(4) I live in a small town. We have a supermarket and a bookstore. I want a nice cafe.

4 (1) have　(2) convenience

1 (1) a　(2) a　(3) b

◀)) 読まれた英語（訳）

(1) a. This is my town. We have a nice library. I can enjoy reading. （これはわたしの町です。わたしたちの町にはすばらしい図書館があります。わたしは読書を楽しむことができます。）

b. I like my town. We have a big swimming pool. I can enjoy swimming. （わたしはわたしの町が好きです。わたしたちの町には大きなプールがあります。わたしは水泳を楽しむことができます。）

(2) a. I live in an old town. We have a famous temple. It is beautiful. （わたしは古い町に住んでいます。わたしたちの町には有名な寺があります。それは美しいです。）

b. My town is big. We have new buildings and a department store. （わたしの町は大きいです。わたしたちの町には，新しいビルとデパートがあります。）

(3) a. I like my town. We have a big amusement park. I enjoy the roller coaster. It is fun. （わたしはわたしの町が好きです。わたしたちの町には大きな遊園地があります。わたしはジェットコースターを楽しみます。それはおもしろいです。）

b. We have a lake and mountains in our town. We can enjoy camping and fishing. （わたしたちの町には湖と山々があります。わたしたちはキャンプや魚つりを楽しむことができます。）

ポイント (2) a の old は「古い」の意味ですが，old town と言うときは，「歴史のある町」という意味も表します。(3)の amusement park は「遊園地」の意味，roller coaster は「ジェットコースター」の意味です。

2 (1) ア　(2) カ　(3) イ

◀)) 読まれた英語（訳）

(1) Hi, I'm Aya. I like my town. We have a nice art museum. （こんにちは，わたしはアヤです。わたしはわたしの町が好きです。わたしたちの町にはすばらしい美術館があります。）

(2) Hi, I'm Shota. This is my town. We have a baseball stadium. I like soccer. I want a soccer stadium, too. （こんにちは，わたしはショウタです。これはわたしの町です。わたしたちの町には野球場があります。わたしはサッカーが好きです。わたしはサッカー場もほしいです。）

(3) Hi, I'm Masato. We have a new library in our town. We need a hospital. （こんにちは，わたし

はマサトです。わたしたちの町には新しい図書館があります。わたしたちには病院が必要です。）

ポイント (1)の art museum は，「美術館」の意味です。museum だけの場合は「博物館」の意味になります。
(3)の in our town は，「わたしたちの町には」の意味です。

3 (1) ① い ② あ
   (2) ① あ ② い

4 (1) have (2) department

5 (例) park (公園) library (図書館)
   hospital (病院) bookstore (本屋)
   convenience store (コンビニエンスストア)

---

19 基本テスト① P.37-38 I went to the sea.

1 (1) b (2) b (3) a (4) a

🔊 **読まれた英語(訳)**
(1) mountains (山) (2) camping (キャンプ)
(3) amusement park (遊園地)
(4) watermelon (スイカ)

ポイント (1)の mountains は「(2つ以上の) 山，山脈，山地」を表します。山が1つのときは mountain となります。
(4)の watermelon は，water と melon をつなげて書きます。

2 (1) b (2) a (3) c

🔊 **読まれた英語(訳)**
(1) beautiful (美しい)
(2) exciting (わくわくさせるような)
(3) cold (冷たい)

3

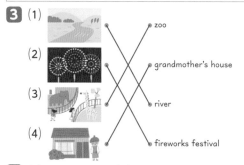

(1) → zoo
(2) → grandmother's house
(3) → river
(4) → fireworks festival

4 (1) went to (2) saw

---

20 基本テスト② P.39-40 I went to the sea.

1 (1) a (2) b (3) a (4) a

🔊 **読まれた英語(訳)**
(1) I went to the sea. I enjoyed swimming. (わたしは海に行きました。わたしは水泳を楽しみました。)
(2) I went to the zoo. I saw a lion. (わたしは動物園に行きました。わたしはライオンを見ました。)
(3) I went to the amusement park. I enjoyed the roller coaster. It was fun. (わたしは遊園地に行きました。わたしはジェットコースターを楽しみました。)

---

(4) I went to my grandfather's house. I ate watermelon. It was delicious. (わたしは祖父の家に行きました。わたしはスイカを食べました。それはおいしかったです。)

ポイント (1)の went は「行った」，enjoyed は「楽しんだ」の意味です。went to ～で，「～に行った」と，行った場所を伝えることができます。
(2)の saw は「見た」の意味です。
(4)の ate は「食べた」の意味です。went，enjoyed，saw，ate はすべて，過去のことを言いたいときに使う語です。

2

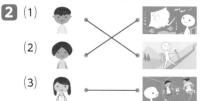

(1)
(2)
(3)

🔊 **読まれた英語(訳)**
(1) I went to the mountains. (わたしは山に行きました。)
(2) I went to an aquarium. I saw many fish. (わたしは水族館に行きました。わたしはたくさんの魚を見ました。)
(3) I went to a soccer stadium. I enjoyed a soccer game. (わたしはサッカー場に行きました。わたしはサッカーの試合を楽しみました。)

3

(1) I went to a zoo. I saw a panda.
(2) I went to a department store. I ate ice cream.
(3) I went to a fireworks festival. It was wonderful.
(4) I went to a lake. I enjoyed fishing.

4 (1) mountains (2) went to

---

21 完成テスト P.41-42 I went to the sea.

1 (1) a (2) b (3) a

🔊 **読まれた英語(訳)**
(1) a. I went to a fireworks festival. It was beautiful. (わたしは花火大会に行きました。それはきれいでした。)
   b. I went to the mountains. I enjoyed hiking. (わたしは山に行きました。わたしはハイキングを楽しみました。)
(2) a. I went to a park. I played badminton. (わたしは公園に行きました。わたしはバドミントンをしました。)
   b. I went to my grandfather's house. I played *shogi*. (わたしは祖父の家に行きました。わたしはしょうぎをしました。)
(3) a. I went to a lake. I enjoyed camping. I ate curry and rice. (わたしは湖に行きました。わたしはキャンプを楽しみました。わたしはカレーライスを食べました。)

b. I went to the sea. I enjoyed surfing. It was exciting. (わたしは海に行きました。わたしはサーフィンを楽しみました。それはわくわくしました。)

ポイント (1) **a** の fireworks festival は，「花火大会」の意味です。It was ～. は「それは～でした。」と，過去にあったことがどうだったのか，感想を言いたいときに使う言い方です。(2) **a, b** の played ～は，「～をした」の意味で，過去にしたスポーツやゲームを言うときに使います。(3) **b** の surfing は「サーフィン」の意味です。

2 (1) ウ，カ (2) ア，エ (3) イ，オ

🔊 読まれた英語(訳)
(1) I'm Aya. I went to a summer festival. I enjoyed dancing. It was fun. I ate shaved ice. It was cold. (わたしはアヤです。わたしは夏祭りに行きました。わたしはおどりを楽しみました。それは楽しかったです。わたしはかき氷を食べました。それは冷たかったです。)
(2) I'm Shota. I went to the soccer stadium. I enjoyed a soccer game. It was exciting. I ate a hot dog. (わたしはショウタです。わたしはサッカー場に行きました。わたしはサッカーの試合を楽しみました。それはわくわくしました。わたしはホットドッグを食べました。)
(3) I'm Masato. I went to the lake this summer. I enjoyed camping. I enjoyed fishing, too. (わたしはマサトです。わたしは今年の夏，湖に行きました。わたしはキャンプを楽しみました。わたしは魚つりも楽しみました。)

ポイント (1)の shaved ice は「かき氷」の意味です。(2)の hot dog は「ホットドッグ」の意味です。
(3)の this summer は「今年の夏」の意味です。

3 (1) ① あ ② い
　　(2) ① い ② あ

4 (1) went (2) sea

5 Ken の場合：a park (公園)
　　Bob の場合：a zoo (動物園)
　　Yuri の場合：an amusement park (遊園地)

22 基本テスト① P.43-44 **I want to see the snow festival.**

1 (1) a (2) a (3) b (4) a

🔊 読まれた英語(訳)
(1) rugby (ラグビー) (2) wrestling (レスリング)
(3) track and field (陸上競技) (4) surfing (サーフィン)

2 (1) b (2) a (3) c

🔊 読まれた英語(訳)
(1) fireworks festival (花火大会)
(2) snow festival (雪祭り)
(3) Star Festival (七夕祭り)

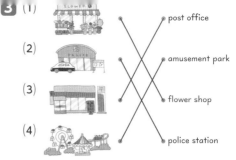

3 (1)
(2)
(3)
(4)
post office
amusement park
flower shop
police station

4 (1) volleyball (2) baseball

23 基本テスト② P.45-46 **I want to see the snow festival.**

1 (1) a (2) b (3) a (4) a

🔊 読まれた英語(訳)
(1) What sport do you want to play?
 — I want to play basketball.
 (あなたは何のスポーツをしたいですか。— わたしはバスケットボールをしたいです。)
(2) What sport do you want to watch?
 — I want to watch table tennis.
 (あなたは何のスポーツを見たいですか。—わたしは卓球を見たいです。)
(3) What sport do you want to watch at the Paralympic Games?
 — I want to watch para swimming.
 (あなたはパラリンピックでは何を見たいですか。— わたしはパラ水泳を見たいです。)
(4) What do you want to play?
 — I want to play rugby.
 (あなたは何をプレーしたいですか。— わたしはラグビーをしたいです。)

ポイント (1)，(2) の What sport do you want to ～? の what sport は，「何のスポーツ」という意味です。do you want to ～? は「あなたは～したいですか。」の意味です。(1)のように「～」に play を入れると「(プレー)したいですか」，(2)，(3)のように watch を入れると「見たいですか」とたずねる言い方になります。(3)の Paralympic Games は「パラリンピック」の意味です。英語では，Paralympic だけではなく，必ず Games をつけて言います。

2 (1)
(2)
(3)

🔊 読まれた英語(訳)
(1) I want to see the snow festival. It is beautiful.
 (わたしは雪祭りを見たいです。それは美しいです。)
(2) I want to see the fireworks festival. It is exciting. (わたしは花火大会を見たいです。それはわくわくします。)
(3) I want to see the Star Festival.
 (わたしは七夕祭りを見たいです。)

3 (1) Where do you want to go?
— I want to go to the library.

(2) Where do you want to go?
— I want to go to the department store.

(3) Where do you want to go?
— I want to go to the bookstore.

(4) Where do you want to go?
— I want to go to the swimming pool.

4 (1) want　(2) to play

ポイント (1) gymnastics は「体操競技」の意味です。

24 完成テスト P.47-48　I want to see the snow festival.

1 (1) a　(2) b　(3) b

◀)) **読まれた英語（訳）**
(1) What sport do you want to play?
（あなたは何のスポーツをしたいですか。）
　a. I want to play table tennis.
　　（わたしは卓球をしたいです。）
　b. I want to play tennis.
　　（わたしはテニスをしたいです。）
(2) Where do you want to go?
（あなたはどこに行きたいですか。）
　a. I want to go to the park.
　　（わたしは公園に行きたいです。）
　b. I want to go to the shrine.
　　（わたしは神社に行きたいです。）
(3) What festival do you want to see?
（あなたは何の祭りを見たいですか。）
　a. I like the sea. I want to watch surfing.
　　（わたしは海が好きです。わたしはサーフィンを見たいです。）
　b. I want to see the Star Festival.
　　（わたしは七夕祭りを見たいです。）

ポイント (1) a の table tennis は「卓球」の意味です。(2)の where は「どこに」の意味です。(3)の what festival は「何の祭り」の意味です。

2 (1) Aya
(2) Shota
(3) Masato
(4) Takumi

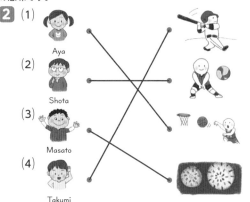

◀)) **読まれた英語（訳）**
(1) I'm Aya. I want to play basketball. It is fun.（わたしはアヤです。わたしはバスケットボールがしたいです。それは楽しいです。）
(2) I'm Shota. I want to watch volleyball. I want to be a volleyball player.（わたしはショウタです。わたしはバレーボールを見たいです。わたしはバレーボール選手になりたいです。）
(3) I'm Masato. I want to see the fireworks festival. It is great.（わたしはマサトです。わたしは花火大会を見たいです。それはすばらしい。）
(4) I'm Takumi. I want to watch baseball. I want to be a baseball player.（わたしはタクミです。わたしは野球を見たいです。わたしは野球選手になりたいです。）

ポイント (3)の see と(2)，(4)の watch は，どちらも「見る」という意味ですが，see は自然に目に入ることで，日本語の「見える」に近い言い方です。watch はテレビを見るなど，動くものを観察するときのように，「注意して見る」ときに使います。

3 (1) ① あ　② い
(2) ① い　② あ

4 (1) What　(2) want to

5 （例）basketball （バスケットボール）

25 基本テスト① P.49-50　My best memory

1 (1) a　(2) b　(3) b　(4) a

◀)) **読まれた英語（訳）**
(1) entrance ceremony（入学式）
(2) drama festival（学芸会）
(3) swimming meet（水泳大会）
(4) field trip（遠足）

2 (1) b　(2) c　(3) a

◀)) **読まれた英語（訳）**
(1) volunteer day（ボランティアデー）
(2) sports day（運動会）　(3) school trip（修学旅行）

3 (1)
(2)
(3)
(4)

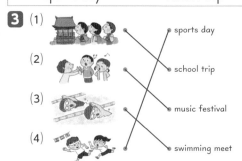

sports day
school trip
music festival
swimming meet

4 (1) field trip　(2) drama festival

ポイント ⋯⋯ の中の graduation ceremony は，「卒業式」の意味です。

26 基本テスト② P.51-52　My best memory

1 (1) b　(2) b　(3) b　(4) a

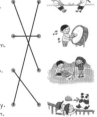

🔊 **読まれた英語(訳)**

⑴ What's your best memory?
（あなたの一番の思い出は何ですか。）
― Our volunteer day.（ボランティアデーです。）

⑵ What's your best memory?
（あなたの一番の思い出は何ですか。）
― My best memory is our drama festival.（わたしの一番の思い出は学芸会です。）

⑶ What's your best memory?
（あなたの一番の思い出は何ですか。）
― My best memory is our school trip. We went to Nikko. We saw a shrine.（わたしの一番の思い出は修学旅行です。わたしたちは日光に行きました。わたしたちは神社を見ました。）

⑷ What's your best memory?
（あなたの一番の思い出は何ですか。）
― My best memory is our music festival. I enjoyed playing the recorder. It was fun.（わたしの一番の思い出は音楽祭です。わたしはリコーダーの演奏を楽しみました。それは楽しかったです。）

ポイント ⑴～⑷の What's your best memory? は、「あなたの一番の思い出は何ですか。」とたずねる言い方です。What's は、What is の短縮形です。
⑶の went to ～ は、「～に行った」の意味です。過去に行ったことについて言うときは go「行く」ではなく went を使います。
⑷の enjoyed は「楽しんだ」の意味です。過去に楽しんだことについて言うときは、enjoy「楽しむ」ではなく enjoyed を使います。It was fun. は、「それは楽しかったです。」という意味です。It is fun.「それは楽しいです。」では is を使いますが、過去のことについて言うときは was を使います。

2 ⑴ ⑵ ⑶

🔊 **読まれた英語(訳)**

⑴ The entrance ceremony was nice. It is my best memory.（入学式はすてきでした。それがわたしの一番の思い出です。）

⑵ I like running. My best memory is the marathon.（わたしは走ることが好きです。わたしの一番の思い出はマラソンです。）

⑶ I can swim fast. My best memory is our swimming meet.（わたしは速く泳ぐことができます。わたしの一番の思い出は水泳大会です。）

3 ⑴ What's your best memory?
― Our volunteer day in November.

⑵ What's your best memory?
― My best memory is our music festival. I enjoyed playing the drum.

⑶ What's your best memory?
― Our field trip. I went to the zoo. I saw a panda.

⑷ What's your best memory?
― Our sports day. I enjoyed tug-of-war. It was fun.

4 ⑴ What's　⑵ My

ポイント ⑴の My best memory is our drama festival.

は、「わたしの一番の思い出は学芸会です。」という意味なので、質問の文は「あなたの一番の思い出は何ですか。」とたずねる What is your best memory? です。What's は What is の短縮形なので、What's が正しい解答です。What's の「'」は、4線の一番上の線から書き始めます。

27 完成テスト **P.53-54 My best memory**

1 ⑴ b ⑵ b ⑶ a

🔊 **読まれた英語(訳)**

⑴ What's your best memory?
（あなたの一番の思い出は何ですか。）
a. I like the sea.（わたしは海が好きです。）
b. Our volunteer day.（ボランティアデーです。）

⑵ What's your best memory?
（あなたの一番の思い出は何ですか。）
a. My best memory is our music festival. I enjoyed singing.（わたしの一番の思い出は音楽祭です。わたしは歌うことを楽しみました。）
b. My best memory is our drama festival. It was fun.（わたしの一番の思い出は学芸会です。それは楽しかったです。）

⑶ What's your best memory?
（あなたの一番の思い出は何ですか。）
a. My best memory is our *mochi* making festival. We ate *mochi*.（わたしの一番の思い出はもちつき大会です。わたしたちはもちを食べました。）
b. I went to a shrine on New Year's Day. It was fun.（わたしは元旦に神社に行きました。それは楽しかったです。）

ポイント ⑶ a の *mochi*「もち」のように、日本のものを英語の文に入れるときにはローマ字で書き、ななめの字（斜体字）にします。
⑶ b の New Year's Day は、「元旦」の意味です。

2 ⑴ ⑵ ⑶

Aya

Shota

Masato

🔊 **読まれた英語(訳)**

⑴ I'm Aya. My best memory is our music festival.（わたしはアヤです。わたしの一番の思い出は音楽祭です。）

⑵ I'm Shota. My best memory is our sports day. I enjoyed running and *tamaire*.（わたしはショウタです。わたしの一番の思い出は運動会です。わたしは走ることと玉入れを楽しみました。）

⑶ Hi, I'm Masato. My best memory is our school trip. We went to Kamakura and saw the *daibutsu*.（こんにちは、わたしはマサトです。わたしの一番の思い出は修学旅行です。わたしたちは鎌倉に行って大仏を見ました。）

ポイント ⑶の saw は「見た」の意味で、過去のことについて言うときは see「見る」ではなく saw を使います。

3 (1) b (2) c

4 (1) went (2) sang (3) enjoyed
(4) saw

ポイント (2)の sang は，「歌った」の意味です。過去に歌ったことについて言うときは，sing「歌う」ではなく sang「歌った」を使います。

5 (例) school trip (修学旅行)
field trip (遠足)
sports day (運動会)
music festival (音楽祭)
volunteer day (ボランティアデー)

---

28 基本テスト① P.55-56 **What do you want to be?**

1 (1) a (2) b (3) a (4) a

🔊 読まれた英語（訳）
(1) singer（歌手）(2) florist（花屋）
(3) artist（芸術家）(4) pilot（パイロット）

2 (1) b (2) a (3) c

🔊 読まれた英語（訳）
(1) baker（パン屋）(2) teacher（先生）
(3) zookeeper（動物園の飼育員）

ポイント (3)の zookeeper は，zoo と keeper の間にスペースを入れずにつなげて書きます。

3
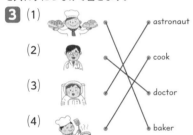
(1)
(2)
(3)
(4)

astronaut
cook
doctor
baker

4 (1) baseball player (2) bus driver

ポイント (1)の baseball は，l（エル）を2つ書きます。

---

29 基本テスト② P.57-58 **What do you want to be?**

1 (1) a (2) b (3) a (4) b

🔊 読まれた英語（訳）
(1) What do you want to be?
（あなたは何になりたいですか。）
— A baker.（パン屋です。）
(2) What do you want to be?
（あなたは何になりたいですか。）
— I want to be a pilot.
（わたしはパイロットになりたいです。）
(3) What do you want to be?
（あなたは何になりたいですか。）
— I'm good at singing. I want to be a

---

singer.（わたしは歌うことが得意です。わたしは歌手になりたいです。）
(4) What do you want to be?
（あなたは何になりたいですか。）
— I like flowers. I want to be a florist.（わたしは花が好きです。わたしは花屋になりたいです。）

ポイント (1)〜(4)の What do you want to be? は，「あなたは何になりたいですか。」と将来なりたい職業をたずねるときの言い方です。答えるときは I want to be a[an] 〜. と「〜」のところになりたい職業を入れて答えます。

2

(1)
(2)
(3)

🔊 読まれた英語（訳）
(1) I want to be a zookeeper.（わたしは動物園の飼育員になりたいです。）
(2) I want to be an English teacher.
（わたしは英語の先生になりたいです。）
(3) I like playing the piano. I want to be a pianist.（わたしはピアノをひくのが好きです。わたしはピアニストになりたいです。）

3

(1) What do you want to be?
— A dentist.
(2) What do you want to be?
— I want to be a soccer player.
(3) I like animals. I want to be a vet.
— That's good.
(4) I'm good at cooking.
I want to be a cook.
— Good luck.

ポイント (1)の dentist は「歯科医」，(3)の vet は「獣医（じゅうい）」の意味です。
(4)の cook は，職業を表すときは「コック，料理人」の意味です。英語の cook の読み方は「コック」ではなく「クック」です。cook には，ほかに「料理をする」という意味もあります。

4 (1) be (2) want

ポイント (1)の What do you want to be? は，「あなたは何になりたいですか。」という意味なので，答えの文は「わたしは〜になりたいです。」を表す I want to be a 〜. です。be が正解となります。(2)の I want to be a train conductor. は「わたしは電車の車しょうになりたいです。」という意味なので，質問の文は「あなたは何になりたいですか。」という意味を表す What do you want to be? です。want が正解となります。

---

30 完成テスト P.59-60 **What do you want to be?**

1 (1) a (2) b (3) a

🔊 読まれた英語（訳）
(1) What do you want to be?
（あなたは何になりたいですか。）
a. An artist.（芸術家です。）
b. I want a piano.（わたしはピアノがほしいです。）

(2) What do you want to be?
（あなたは何になりたいですか。）
　　a. I am a singer. （わたしは歌手です。）
　　b. I want to be a florist.
　　　　（わたしは花屋になりたいです。）
(3) What do you want to be?
（あなたは何になりたいですか。）
　　a. I want to be a tennis player.
　　　　（わたしはテニス選手になりたいです。）
　　b. I want to watch tennis.
　　　　（わたしはテニスを見たいです。）

ポイント (1)〜(3)の What do you want to be? は，「あなたは何になりたいですか。」という意味なので，それに合う答え方を選びます。

2 (1)

(2)
(3)

🔊 **読まれた英語（訳）**
(1) Hi, I'm Aya. I like bread and cakes. I want to be a baker.
（こんにちは，わたしはアヤです。わたしはパンとケーキが好きです。わたしはパン屋さんになりたいです。）
(2) Hi, I'm Shota. I want to be a soccer player. I want to go to Spain. （こんにちは，わたしはショウタです。わたしはサッカー選手になりたいです。わたしはスペインに行きたいです。）
(3) Hi, I'm Masato. I like cars and buses. I want to be a bus driver.
（こんにちは，わたしはマサトです。わたしは車やバスが好きです。わたしはバスの運転手になりたいです。）

3 (1) ① い　② あ
　　(2) ① い　② あ
4 (1) What　(2) to be
5 （例）singer （歌手）

---

31 基本テスト①
P.61-62　**What club do you want to join?**

1 (1) b　(2) b　(3) b　(4) a

🔊 **読まれた英語（訳）**
(1) badminton team （バドミントン部）
(2) science club （科学部）　(3) music club （音楽部）
(4) computer club （コンピュータ部）

2 (1) ×　(2) ○　(3) ×

🔊 **読まれた英語（訳）**
(1) soccer team （サッカー部）
(2) calligraphy club （書道部）
(3) table tennis team （卓球部）

---

3 (1)
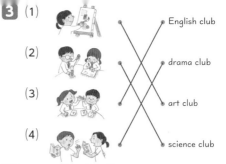
(2)
(3)
(4)

　　　　English club
　　　　drama club
　　　　art club
　　　　science club

4 (1) volleyball team　(2) cooking club

32 基本テスト②
P.63-64　**What club do you want to join?**

1 (1) a　(2) b　(3) a　(4) a

🔊 **読まれた英語（訳）**
(1) What club do you want to join?
（あなたは何部に入りたいですか。）
　　— The badminton team. （バドミントン部です。）
(2) What club do you want to join?
（あなたは何部に入りたいですか。）
　　— I want to join the English club.
　　　　（わたしは英語部に入りたいです。）
(3) What team do you want to join?
（あなたは何部に入りたいですか。）
　　— I want to join the baseball team.
　　　　（わたしは野球部に入りたいです。）
(4) What event do you want to enjoy?
（あなたは何の行事を楽しみたいですか。）
　　— I want to enjoy our school trip.
　　　　（わたしは修学旅行を楽しみたいです。）

ポイント (1)〜(3)の join は，「（チームなどに）入る，加わる，参加する」の意味です。(4)の event は，ここでは「学校行事」を表しています。

2 (1)

(2)
(3)

🔊 **読まれた英語（訳）**
(1) I want to join the computer club. （わたしはコンピュータ部に入りたいです。）
(2) I like swimming. I want to join the swimming club. （わたしは水泳が好きです。わたしは水泳部に入りたいです。）
(3) I like music. I want to join the brass band. （わたしは上手にピアノをひくことができます。わたしはブラスバンドに入りたいです。）

3 (1) What club do you want to join?
— I want to join the art club.

(2) What team do you want to join?
— I want to join the baseball team.

(3) What event do you want to enjoy?
— I want to enjoy the music festival.

(4) What event do you want to enjoy?
— I want to enjoy the sports day.

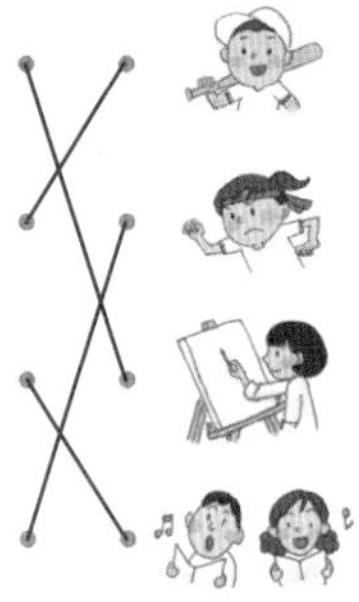

4 (1) join (2) team

ポイント (1)は，質問の文がWhat club do you want to join?「あなたは何部に入りたいですか。」なので，答えは「入る」を表すjoinを使った文になります。

(2)は，答えの文がI want to join the soccer team.「わたしはサッカー部に入りたいです。」なので，入りたい部活動をたずねるWhat team ～? が正しい答えです。

33 完成テスト P.65-66 What club do you want to join?

1 (1) a (2) b (3) a

読まれた英語(訳)

(1) What club do you want to join?
(あなたは何部に入りたいですか。)
a. The calligraphy club. (書道部です。)
b. Yes. I want to join the club.
(はい。わたしはクラブに入りたいです。)

(2) What team do you want to join?
(あなたは何部に入りたいですか。)
a. I am on the soccer team.
(わたしはサッカー部に入っています。)
b. I want to join the rugby team.
(わたしはラグビー部に入りたいです。)

(3) What event do you want to enjoy?
(あなたは何の行事を楽しみたいですか。)
a. I want to enjoy our school trip.
(わたしは修学旅行を楽しみたいです。)
b. I want to go to Kyoto.
(わたしは京都に行きたいです。)

ポイント (1)What club ～? と何の部活動に入りたいかをたずねているので，入りたい部活動を答えているaが正解です。
(2)aのI am in the soccer team.は，「現在，サッカー部に入っている」と言っていて，これから入りたい部活動については答えていないので，正解はこれから入りたい部活動を答えているbです。
(3)は，What event ～? と，何の行事を楽しみたいかをたずねているので，school trip「修学旅行」という行事名の入った答え方をしているaが正解です。

2 (1) (2) (3)

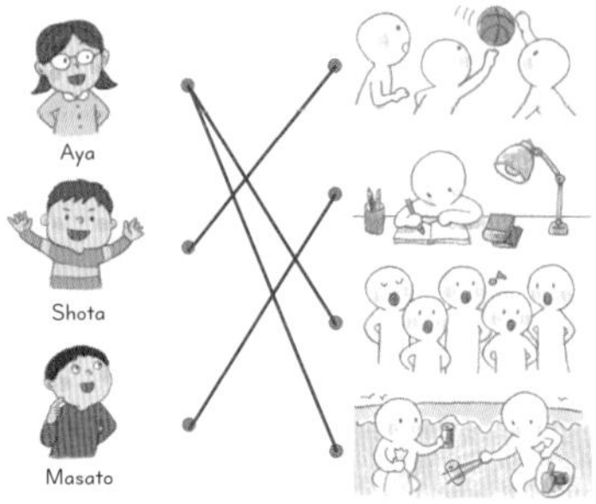

読まれた英語(訳)

(1) Hi, I'm Aya. I want to enjoy our music festival and our volunteer day. (こんにちは，わたしはアヤです。わたしは音楽祭とボランティアデーを楽しみたいです。)

(2) Hi, I'm Shota. I like basketball. I want to join the basketball team. (こんにちは，わたしはショウタです。わたしはバスケットボールが好きです。わたしはバスケットボール部に入りたいです。)

(3) Hi, I'm Masato. I want to be a pilot. I want to study English hard. (こんにちは，わたしはマサトです。わたしはパイロットになりたいです。わたしは英語を一生けん命に勉強したいです。)

3 (1) ① い ② あ
(2) ① あ ② い

4 (1) good at (2) want to be

ポイント (1)のI am good at ～. は，「わたしは～が上手です。」の意味です。英語では，amの後にwantなどの動作を表す語が続くことはないので，I am want to playing soccer. という文はありません。
(2)は，絵を見ると，男の子が，中学でサッカー選手として活やくしたいと思っていることがわかります。「わたしはサッカー選手になりたいです。」を英語で言うと，I want to be a soccer player. となります。

5 (例) drama club (演劇部)

34 P.67-68 語句チェック(1)

1 (1) blue (2) red (3) banana (4) hat
(5) bag (6) carrot (7) onion
(8) English (9) math
(10) social studies

読まれた英語(訳)

(1) blue (青) (2) red (赤) (3) banana (バナナ)
(4) hat (ぼうし) (5) bag (かばん) (6) carrot (にんじん)
(7) onion (たまねぎ) (8) English (英語)
(9) math (算数) (10) social studies (社会)

2 (1) Sunday (2) Tuesday
(3) November (4) March
(5) August (6) February
(7) birthday (8) color (9) name
(10) food

読まれた英語(訳)

(1) Sunday (日曜日) (2) Tuesday (火曜日)
(3) November (11月) (4) March (3月)
(5) August (8月) (6) February (2月)
(7) birthday (誕生日) (8) color (色)
(9) name (名前) (10) food (食べ物)

35 P.69-70 語句チェック(2)

1 (1) buy (2) sing (3) run (4) ski
(5) jump (6) study (7) get up
(8) astronaut (9) singer (10) baker

> 🔊 **読まれた英語(訳)**
> (1) buy (買う) (2) sing (歌う) (3) run (走る)
> (4) ski (スキーをする) (5) jump (ジャンプする)
> (6) study (勉強する) (7) get up (起きる)
> (8) astronaut (宇宙飛行士) (9) singer (歌手)
> (10) baker (パン職人)

2 (1) Italy (2) Japan (3) Australia
(4) China (5) cat (6) dog
(7) baseball (8) tennis (9) seven
(10) six

> 🔊 **読まれた英語(訳)**
> (1) Italy (イタリア) (2) Japan (日本)
> (3) Australia (オーストラリア) (4) China (中国)
> (5) cat (ネコ) (6) dog (犬) (7) baseball (野球)
> (8) tennis (テニス) (9) seven (7) (10) six (6)

36 P.71-72 語句チェック(3)

1 (1) spaghetti (2) omelet (3) parfait
(4) ice cream (5) curry and rice
(6) kind (7) brave (8) friendly
(9) active (10) drama festival

> 🔊 **読まれた英語(訳)**
> (1) spaghetti (スパゲッティ) (2) omelet (オムレツ)
> (3) parfait (パフェ) (4) ice cream (アイスクリーム)
> (5) curry and rice (カレーライス) (6) kind (親切な)
> (7) brave (勇かんな) (8) friendly (親しみやすい)
> (9) active (活発な) (10) drama festival (学芸会)

2 (1) library (2) school (3) hospital
(4) sea (5) zoo (6) police station
(7) summer (8) winter (9) right
(10) under

> 🔊 **読まれた英語(訳)**
> (1) library (図書館) (2) school (学校)
> (3) hospital (病院) (4) sea (海) (5) zoo (動物園)
> (6) police station (警察署) (7) summer (夏)
> (8) winter (冬) (9) right (右に) (10) under (下に)

37 P.73-74 仕上げテスト(1)

1 (1) a (2) b (3) a (4) a

> 🔊 **読まれた英語(訳)**
> (1) color (色) (2) French fries (フライドポテト)
> (3) fire fighter (消防士)
> (4) Children's Day (こどもの日)

ポイント (2)「フライドポテト」のことは French fries と言います。(3) fire は「火事」, fighter は「戦う人」です。fire fighter で「消防士」の意味になります。

2 (1) ○ (2) × (3) ○

> 🔊 **読まれた英語(訳)**
> (1) play the recorder (リコーダーを演奏する)
> (2) set the table (テーブルを整える)
> (3) get the newspaper (新聞を取る)

ポイント (2) set the table は, 食事のためにテーブルを準備することです。

3

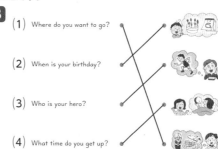

(1) Where do you want to go?
(2) When is your birthday?
(3) Who is your hero?
(4) What time do you get up?

ポイント (1)「あなたはどこへ行きたいですか。」行きたい場所をたずねています。
(2)「あなたの誕生日はいつですか。」誕生日をたずねています。
(3)「あなたのヒーローはだれですか。」あこがれの人をたずねています。
(4)「あなたは何時に起きますか。」起きる時刻をたずねています。

4 (1) like (2) Can

ポイント (1) What 〜 do you like? と好きなものについて聞かれているので, like を使って答えます。want は「ほしい」という意味です。

38 P.75-76 仕上げテスト(2)

1 (1) b (2) b (3) b (4) a

> 🔊 **読まれた英語(訳)**
> (1) Singapore (シンガポール)
> (2) October eighteenth (10月18日)
> (3) animal (動物) (4) subject (教科)

ポイント (4)国語, 算数, 体育など学校で習う教科を subject と言います。

2 (1) ウ, エ (2) イ (3) ア, カ

> 🔊 **読まれた英語(訳)**
> (1) winter (冬) (2) spring (春) (3) fall (秋)

ポイント summer「夏」を加えて4つの季節を覚えましょう。fall「秋」は, autumn ということもあります。

3 (1) ア, エ (2) ウ (3) イ, カ (4) オ

ポイント (1) I'm from 〜. は出身地を表し,「わたしは〜の出身

です。」という意味です。

4 (1) Welcome (2) food

ポイント (1) Welcome to 〜. で「〜へようこそ」という意味です。
(2) What is your favorite〜? は「あなたの大好きな〜は何ですか。」と好きなものを具体的にたずねるときの言い方です。

39 P.77-78 仕上げテスト(3)

1 (1) b (2) b (3) a (4) b

◀)) 読まれた英語(訳)
(1) active（活発な） (2) brave（勇かんな）
(3) kind（親切な） (4) friendly（親しみやすい）

2 (1) b (2) a (3) b

◀)) 読まれた英語(訳)
(1) a. sea（海） b. mountains（山）
(2) a. library（図書館） b. zoo（動物園）
(3) a. convenience store（コンビニエンスストア）
　　b. amusement park（遊園地）

ポイント (3)「コンビニエンスストア」は convenience store, また,「デパート」は department store と言います。amusement park は「楽しみ, 娯楽」＋「公園」で「遊園地」という意味になります。

3 (1) This is my friend, Haruka.
She can sing well.
She is popular.

(2) We have beautiful mountains.
We can enjoy *hanami* and *momijigari*.
My town is very famous.

(3) I like my sister.
She is good at math.
She is great.

(4) This is my town.
We have a big stadium.
We can watch baseball.

ポイント (1), (4) This is 〜.「こちら[これ]は〜です。」は人やものを紹介するときの言い方です。(3) be good at 〜 は「〜が得意である」の意味です。

4 (1) went (2) ate

ポイント (1)過去に行ったことを言うときには went「行った」を使います。(2)過去に食べたことを言うときには ate「食べた」を使います。

40 P.79-80 仕上げテスト(4)

1 (1) イ (2) カ (3) エ (4) オ

◀)) 読まれた英語(訳)
(1) sports day（運動会） (2) school trip（修学旅行）
(3) drama festival（学芸会）
(4) swimming meet（水泳大会）

ポイント 「卒業式」は graduation ceremony,「音楽祭」は music festival と言います。小学校の主な行事にはほかに field trip「遠足」, volunteer day「ボランティアデー」などがあります。

2 (1) ○ (2) ○ (3) ×

◀)) 読まれた英語(訳)
(1) cooking club（料理部）
(2) soccer team（サッカー部）
(3) computer club（コンピュータ部）

ポイント (3)「吹奏楽部, ブラスバンド」は the brass band です。

3 (1) What team do you want to join?
— I want to join the basketball team.

(2) What sport do you want to watch?
— I want to watch the marathon.

(3) What do you want to be?
— I am good at drawing.
I want to be an artist.

(4) What country do you want to go to?
— I want to go to the U.S.
I want to study English.

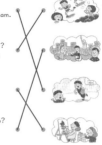

ポイント (1)(2)(4) What 〜 do you want to …？ は「あなたは何の[どんな]〜を…したいですか。」という意味です。したいことを具体的に答えます。

(3) What do you want to be? は「あなたは何になりたいですか。」という意味です。将来なりたい職業を答えます。

4 (1) What's (2) to be

ポイント (1)「あなたの一番の思い出は何ですか。」という意味の文にします。What's は What is の短縮形です。

(2)「わたしは宇宙飛行士になりたいです。」と答えているので, なりたいもの（職業）をたずねる文にします。in the future は「将来には」という意味です。

フリガナ	
お名前	
ご住所	〒□□□□-□□□□　都道府県　市区郡
ご連絡先	TEL（　　　）　　　@
Eメール	

● 「公文式教室」へのご関心についてお聞かせください
1. すでに入会している　2. 以前通っていた　3. 入会資料がほしい　4. 今は関心がない

● 「公文式教室」の先生になることにご関心のある方へ → くもんの先生　検索

ホームページからお問い合わせいただけます → 資料送付ご希望の方は○をご記入ください・・・希望する（　　）　ご年齢（　　）歳
資料送付の際のお宛名

選んで、使って、いかがでしたか？
ウェブサイトへレビューをお寄せください

こちらから

ウェブサイト

くもん出版ウェブサイト（小学参特設サイト）の「お客さまレビュー」では、
くもんのドリルや問題集を使ってみた感想を募集しています。
「こんなふうに使ってみたら楽しく取り組めた」「力がついた」というお話だけでなく、
「うまくいかなかった」といったお話もぜひお聞かせください。
ご協力をお願い申し上げます。

**くもんの
小学参特設サイトには
こんなコンテンツが…**

カンタン診断
10分でお子様の実力を
チェックできます。
（新小1・2・3年生対象）

お客さまレビュー
レビューの投稿・閲覧がで
きます。他のご家庭のリア
ルな声がぴったりのドリル
選びに役立ちます。

**マンガで解説！
くもんのドリルのひみつ**
どうしてこうなっているの？ くもん
独自のくふうを大公開。ドリルの
じょうずな使い方もわかります。

＜ご注意ください＞
・「お客さまアンケート」（はがきを郵送）と「お客さまレビュー」（ウェブサイトに投稿）は、アンケート内容や個人情報の取り扱いが異なります。

	図書カードが当たる抽選	個人情報	感想
はがき	対象	氏名・住所等記入欄あり	非公開（商品開発・サービスの参考にさせていただきます）
ウェブサイト	対象外	メールアドレス以外不要	公開（くもん出版小学参特設サイト上に掲載されます）

・ウェブサイトの「お客さまレビュー」は、1冊につき1投稿でお願いいたします。
・「はがき」での回答と「ウェブサイト」への投稿は両方お出しいただくことが可能です。
・投稿していただいた「お客さまレビュー」は、掲載までにお時間がかかる場合があります。また、健全な運営に反する内容と判断した場合は、掲載を見送らせていただきます。

---- きりとり線 ----

57287　「リハ 学力チェックテスト6年生英語」

お子さまの年齢・性別（　　　歳　　　ヶ月　　男 ／ 女）　　ご記入日（　　　年　　　月）

この商品についてのご意見、ご感想をお聞かせください。
よかった点や、できるようになったことなど

よくなかった点や、つまずいた問題など

このドリル以外でどのような科目や内容のドリルをご希望ですか？

Q1　内容面では、いかがでしたか？
1. 期待以上　　　2. 期待どおり　　　3. どちらともいえない
4. 期待はずれ　　　5. まったく期待はずれ

Q2　それでは、価格的にみて、いかがでしたか？
1. 十分見合っている　　2. 見合っている　　3. どちらともいえない
4. 見合っていない　　5. まったく見合っていない

Q3　学習のようすは、いかがでしたか？
1. 最後までらくらくできた　　　2. 時間はかかったが最後までできた
3. 途中でやめてしまった　（理由：　　　　　　　　　　　　　）

Q4　お子さまの習熟度は、いかがでしたか？
1. 力がついて役に立った　　2. 期待したほどどうか力がつかなかった

Q5　今後の企画に活用させていただくために、本書のご感想などについて弊社より
電話や手紙でお話をうかがうことはできますか？
1. 情報提供に応じてもよい　　　2. 情報提供には応じてもよくない

ご協力どうもありがとうございました。

くもん出版